江西财经大学信毅学术文库

深度估计与增强

左一帆　著

中国财经出版传媒集团
中国财政经济出版社

图书在版编目（CIP）数据

深度估计与增强／左一帆著. --北京：中国财政经济出版社，2019.9
（江西财经大学信毅学术文库）
ISBN 978-7-5095-9209-0

Ⅰ.①深… Ⅱ.①左… Ⅲ.①经济模型-研究 Ⅳ.①F22

中国版本图书馆CIP数据核字（2019）第190610号

责任编辑：彭　波　　　　责任校对：徐艳丽
封面设计：王　颖

中国财政经济出版社 出版
URL：http：//www.cfeph.cn
E-mail：cfeph@cfemg.cn

社址：北京市海淀区阜成路甲28号　邮政编码：100142
营销中心电话：010-88191537
北京财经印刷厂印装　各地新华书店经销
710×1000毫米　16开　8印张　123 000字
2019年9月第1版　2019年9月北京第1次印刷
定价：68.00元
ISBN 978-7-5095-9209-0
（图书出现印装问题，本社负责调换）
本社质量投诉电话：010-88190744
打击盗版举报热线：010-88191661　QQ：2242791300

总　序

书籍是人类进步的阶梯。通过书籍出版，由语言文字所承载的人类智慧得到较为完好的保存，作者思想得到快速传播，这大大地方便了知识传承与人类学习交流活动。当前，国家和社会对知识创新的高度重视和巨大需求促成了中国学术出版事业的新一轮繁荣。学术能力已成为高校综合服务水平的重要体现，是高校价值追求和价值创造的关键衡量指标。

科学合理的学科专业、引领学术前沿的师资队伍、作为知识载体和传播媒介的优秀作品，是高校作为学术创新主体必备的三大要素。江西财经大学较为合理的学科结构和相对优秀的师资队伍，为学校学术发展与繁荣奠定了坚实的基础。近年来，学校教师教材、学术专著编撰和出版活动相当活跃。

为加强我校学术专著出版管理，锤炼教师学术科研能力，提高学术科研质量和教师整体科研水平，将师资、学科、学术等优势转化为人才培养优势，我校决定分批次出版高质量专著系列；并选取学校“信敏廉毅”校训精神的前尾两字，将该专著系列命名为“信毅学术文库”。在此之前，我校已分批出版“江西财经大学学术文库”和“江西财经大学博士论文文库”。为打造学术品牌，突出江财特色，学校在上述两个文库出版经验的基础上，推出“信毅学术文库”。在复旦大学出版社的大力支持下，“信毅学术文库”已成功出版两期，获得了业界的广泛好评。

“信毅学术文库”每年选取 10 部学术专著予以资助出版。这些学术专著囊括经济、管理、法律、社会等方面内容，均为关注社会热点论题或有重要研究参考价值的选题。这些专著不仅对专业研究人员开展研究工作具有参考价值，也贴近人们的实际生活，有一定的学术价值和现实指导意义。专著的作者既有学术领域的资深学者，也有初出茅庐的优秀博士。资深学者因其学术涵养深厚，他们的学术观点代表着专业研究领域的理论前沿，对他们专著的出版能够带来较好的学术影响和社会效益。优秀博士作为青年学者，他们学术思维活跃，容易提出新的甚至是有突破性的学术观点，从而成为学术研究或学术争论的焦点，出版他们学术成果的社会效益也不言自明。一般而言，国家级科研基金资助项目具有较强的创新性，该类研究成果常常在国内甚至国际专业研究领域处于领先水平，基于以上考虑，我们在本次出版的专著中也吸纳了国家级科研课题项目研究成果。

“信毅学术文库”将分期分批出版问世，我们将严格质量管理，努力提升学术专著水平，力争将“信毅学术文库”打造成为业内有影响力的高端品牌。

王　乔

2016 年 11 月

前　言

随着信息技术的不断进步，真实场景的高质量几何信息获取与分析得到学术界和工业界越来越多的关注，尤其在计算机视觉、模式识别和人机交互等方面有迫切的需求。作为自然场景几何信息的载体，深度图可以用于表示场景中物体与相机光心的距离，它已被广泛运用于人们的日常生活和社会生产的方方面面，包括虚拟现实、媒体娱乐和人工智能等。本书主要介绍深度图的被动式获取方法和主动式获取方法。本书首先概述已有的深度图获取方法。然后，本书介绍了被动式获取多视点深度图序列的算法，它包括结合自适应匹配和仿射不变特征的局部最优深度图序列估计算法和基于自适应时域滤波的时域一致性增强算法。最后，本书介绍了在主动式获取方式下的深度图增强算法，它包括基于预定义模型的算法和基于数据驱动的算法。本书不仅为读者提供了深度图获取的相关概念和理论，也为读者提供了具体的实验配置和性能评估方法。

左一帆

2019 年 1 月

目　录

第1章　绪　　论

1.1　深度图获取的目的和意义

随着计算机视觉和多媒体处理技术的进步，在大量现代视觉应用中（3DTV、机器人导航、3D 跟踪等），获取高质量深度图的需求越来越迫切。深度图记录了场景的几何信息，它表示场景中物体离相机光心的距离。图像像素坐标可以通过深度图和相机参数转换为世界坐标系下的三维坐标（点云数据等）。

深度图的应用领域广泛，比如，在游戏领域，应用深度信息开发 3D 游戏也是目前的热点，它可有效增强玩家的现场感和交互感。在医学领域，利用深度信息可以立体重现医学影像，准确发现器官异常，进而做出正确的治疗决策。在虚拟现实领域，基于深度信息的三维重建可以逼真地模拟驾驶环境并显著提高仿真培训效果。然而相比于纹理图像的获取，深度图获取显得较困难。

1.2　深度图获取方法介绍

总的来说，深度图获取方法分为两种：被动式方法和主动式方法。被动式方法基于立体匹配算法获取深度信息。它通过在两视点或多视点纹理图像中寻找像素匹配对确定视差，并结合相机标定参数将视差转换成深度信息。立体匹配算法又可以分为两类：局部算法和全局算法。局部算法基于局部信息独立计算每个像素的视差。全局算法在对视差图建立先验假设的条件下（如平滑性先验），可以同时确定所有像素的视差。局部算法计算复杂度比全局算法低，但是在准确度上有所牺牲。尽管经过几十年的研究，立体匹配算法的性能得到了显著的提高，然而，这些方法仍然存在固有缺陷。如图 1-1 所示，低纹理区域的像素匹配由于缺乏足够的特征导致匹配困难，而遮挡区域无法获取正确匹配[1]。

(a) 低纹理区域

(b) 遮挡区域

图 1-1　低纹理区域和遮挡区域示例

在实际应用中，往往需要权衡算法复杂度和匹配的精度。此外，由于深度图是逐帧估计的，匹配像素在邻近帧的深度值的一致性无法保证。当使用这种深度图序列绘制虚拟视点的纹理图像序列时，会引起闪烁现象。

这个问题被称为时域不一致问题。

主动式深度图获取方法使用深度传感器实时采集深度图序列。相比于被动获取方法，主动式方法更为高效。特别对于低纹理区域，主动式方法能更稳定地获取深度图。目前，主要有两种类别的深度传感器：基于 ToF (time of flight) 的传感器（例如：Swissranger 4000）和基于结构光的传感器（例如：Kinect v1）。图 1-2 给出了这些产品的示意图。ToF 深度传感器通过计算发射光线和接收光线的相位差感知深度信息，即物体离传感器的物理距离[2]。这种方法得到的深度图分辨率较低而且带有明显噪声。通常，深度图的分辨率是 176 × 144 或者 200 × 200。结构光深度传感器使用一个红外线发射器将特定的斑点图案投影到场景中。另一个红外接收器感知该图案并以此估计深度信息。尽管结构光深度传感器能获取更高分辨率的深度图，然而深度图的质量却并不令人满意。具体地说，有很多区域无法获得有效深度信息而形成“空洞”。这些空洞可能由遮挡或者弱红外线反射表面造成的。图 1-3 给出了利用这些深度传感器获取的深度图示例。一般来说，黑色物体，镜面反射平面或者有精细纹理的平面，深度信息难以通过传感器获取，如人的头发[3]。根据以上分析，主动式获取的深度图主要有三个缺陷，即分辨率较低、伴有噪声和呈现出部分空洞区域。这些低质量的深度图通常和描述同一场景的高质量纹理图同时获取。它们具有高度相关性。因此，高质量纹理图可以提供明确的引导以增强深度图。这类方法被称为基于纹理信息引导的深度图增强，本书后续内容简称其为引导性深度图增强。

（a）基于结构光的传感器 xbox360

（b）ToF 传感器 SwissRanger 4000

图 1-2　各类深度传感器的产品示例

(a) Kinect v1 获取的深度图示例

(b) ToF 获取的深度图示例

图 1-3　深度传感器获取的深度图示例

目前，引导性深度图增强算法根据是否使用外部训练数据可以分为两类：一类是通过最优化算法求解预定义模型；另一类是使用外部训练数据学习潜在的纹理图引导模型，并泛化预测深度值。基于预定义模型的方法往往利用深度图和相应纹理图的边界出现位置存在相似性这个假设，增强低质量深度图而不使用额外的训练数据[4,5]。这些文献表明，通过高质量纹理图边界的引导，大部分深度图边界的细节和准确性能有效被增强。但是，这个假设不总成立。不正确的引导信息会导致重构的深度图出现纹理拷贝赝像和部分模糊的深度图边界。纹理拷贝赝像的产生是由于光滑的深度图区域对应的纹理图区域细节较丰富。相反，模糊的深度图边界的产生是因为带有明显边界的深度图区域对应的纹理图区域却是光滑的。图 1-4 展示了这两类边界不一致性的例子。

在使用外部训练数据学习引导模型的方法中，基于稀疏编码的方法最早被提出[6-8]。在这些方法中，所有配对的低质量深度图、高质量纹理图和真实深度图图像块可以在各自训练的过完备基础上（字典）使用稀疏系数表示。进一步，由于这三个图像块之间的内在联系，该稀疏系数被三个字典共享。更具体地说，深度图和纹理图之间的内在统计联系可以通过联合稀疏编码学习。此外，最近一些方法使用深度卷积网络（CNN）实现端对端的深度图增强[9,10]。相比于显式使用深度图和纹理图的边界一致性假设，这类数据驱动的方法隐式学习深度图和纹理图之间的内在联系，并在深度图增强任务中提供引导。由于深度图和纹理图的统计特性的不同，纹理拷贝赝像和模糊的深度图边界同样有可能出现在使用这类方法重建的深度图中。它们的效果高度依赖于训练数据和测试数据分布的相似性。

（a）纹理图和它的边界图

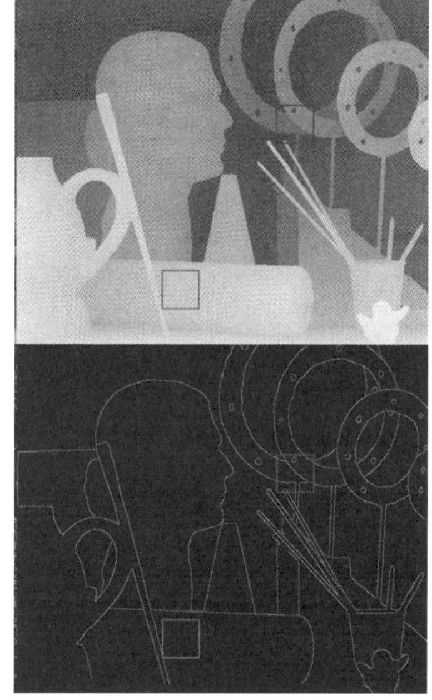

（b）深度图和它的边界图

图 1－4　边界不一致例子

注：左边高亮区域：边界出现在纹理图上但没有出现在深度图上，右边高亮区域：边界出现在深度图上但没有出现在纹理图上。

1.3　本书的主要内容概述

本书共 7 章，下面对各个章节做简要叙述。

第 2 章首先介绍深度图被动式获取（深度图估计）和深度图主动式获取（深度图增强）的基础知识。然后，对在上述两个任务中使用的局部优化方法（例如：典型滤波器）和全局优化方法（例如：马尔可夫随机场）通过一些有代表性的工作进行简要介绍。此外，还将介绍使用机器学习的引导性深度图超分辨率重建理论，主要包括稀疏编码和深度卷积神经网络两部分。

第 3 章首先简要回顾深度图估计的相关工作。随后提出一种用于多视点深度序列估计的自适应匹配方法，并结合仿射不变特征使对低纹理区域的匹配更加鲁棒。

第 4 章提出一种对逐帧独立估计的深度图序列进行时域增强的算法，它有效提高了虚拟视点的绘制质量和深度序列的编码效率。

第 5 章首先简要回顾深度图增强的相关工作。随后，提出硬判决和软判决的深度图边界和纹理图边界不一致性测量方法。自适应调节纹理图的指导作用，并抑制由深度图和纹理图的数据分布差异性导致的赝像，这些模型被嵌入到马尔可夫随机场能量函数的先验正则项中。

为进一步保护深度图结构信息，第 6 章提出基于结构信息的先验正则项系数计算方法，它有利于在大重建尺度下提升深度图边界的重建质量。

第 7 章首先回顾基于机器学习的引导性深度图超分辨率重建的相关代表性工作。然后，提出一种改进的深度卷积残差网络学习来自高分辨率纹理图的引导信息并渐进上采样低分辨率深度图。

第 2 章　深度图获取中的关键技术概述

2.1 引　　言

本章针对后续章节中使用的基础理论进行简要阐述。2.2 节和 2.3 节首先回顾在深度图估计和深度图增强任务中的基础理论，2.4 节介绍一些有代表性的滤波器和它们在上述任务中的应用。马尔可夫随机场以及其在上述特定任务中的设置将在 2.5 节中说明。由于将机器学习应用于深度图估计不是本书的内容范围，2.6 节仅仅阐述应用于深度图增强的有关机器学习理论和方法。最后，2.7 节总结本章。

2.2 基于立体匹配的深度图估计概述

在给定相同场景、不同视点的多个纹理图，立体匹配可以用于计算某个视点下每个像素在其他视点图像的坐标位置。每一对匹配的像素对之间的坐标偏移矢量被称为视差。这一节介绍相应的概念、约束、深度估计的基本流程和后处理技术。

2.2.1 基本概念

基本概念包括图像极线校正和视差与深度的关系两部分。图像极线校正是必要的前处理过程，它将视差搜索维度从二维降低至一维，降低了匹配复杂度。此外，由于立体匹配算法的输出是视差，视差和深度之间的关系需要阐述。

2.2.1.1　图像极线校正

图像极线校正的目的是将两个视点拍摄的图像的外极线水平对齐。它可以通过相机内外参对原始图像进行线性变换实现。在经过极线校正的不同视点的图像对中，不同视点的对应像素在图像坐标的同一行中。因此，它们之间的偏移矢量，即视差，从两维降低至一维。图 2－1 给出了图像校正的示例。在本章后续内容中，多视点图像对默认已经经过极线校正。

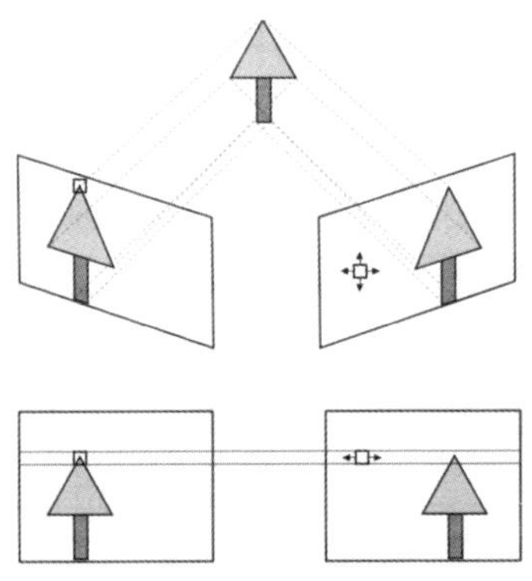

图 2－1　图像对极线校正示意图

2.2.1.2　视差与深度的关系

经过极线校正后的图像对之间，视差与深度的关系如图 2－2 所示。通过这张示意图，世界坐标系中的点 M 在左右两个视图投影点之间的视差 d 由式（2.1）计算：

$$d = x_L - x_R = \frac{FL_1}{Z_M} + \frac{FL_2}{Z_M} = \frac{FL}{Z_M} \tag{2.1}$$

其中，F 和 L 分别代表焦距和基线距离。x_L 和 x_R 是投影点在两个投影平面上的 x 坐标。Z_M 是点 M 距离相机光心平面的距离。这个公式表明视差和深度的等价性。在本书以后的内容中，将不再区分视差和深度。

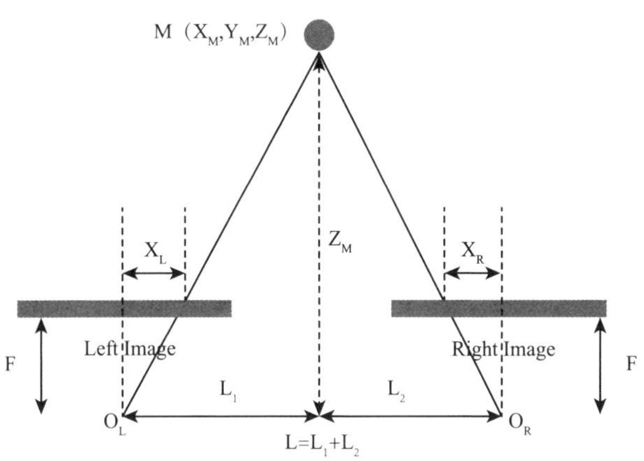

图 2－2　视差和深度关系

2.2.2　匹配约束

由于基于立体匹配的深度图估计问题的病态性，需要引入一些额外的约束或先验条件以减少匹配的歧义。这一节介绍一些被广泛应用的约束。

2.2.2.1　亮度相似性

一个基本约束是相同物体在不同视点图像中的投影像素具有亮度相似性。这个假设在光照或相机感光设置不同的情况下不成立。

2.2.2.2　匹配唯一性

这个约束假设所有像素在不同视点图像中的配对是一一对应的。它不总是成立的，例如：遮挡区域无法找到真实的配对像素。

2.2.2.3　平滑性

深度图的大部分区域是光滑的，没有丰富的纹理信息。深度值跳变只会发生在物体边界。

2.2.3　基本流程

立体匹配往往在预定义的视差搜索范围内执行多视点图像间像素级匹

配任务。对于在搜索范围内的特定视差，当前视点图像中像素在其他视点下的对应像素可以被确定。预先定义的匹配误差函数可以对当前假设的匹配像素对计算匹配代价。所有像素可能匹配对的匹配代价组成匹配误差集。随后，所有像素的视差值可以通过局部或者全局最优的方法求解。本小节将对匹配误差函数和最终视差计算进行简要解释。

2.2.3.1 匹配误差函数

对于特定的视差值 d，当前视点下像素 $p(p_x,\ p_y)$ 在目标视点下的对应像素 q 的坐标是 $q(q_x = p + d,\ q_y = p_y)$。为了简便，在本章的后续内容中，p 和 p + d 代表上述匹配像素对。由于仅仅使用单像素进行匹配代价计算或匹配优劣评价对噪声敏感，缺乏鲁棒性，所以匹配代价计算往往在两个图像局部窗口之间进行。这些窗口的中心点是待匹配像素。针对不同的评价准则，大量误差匹配函数被提出，例如，绝对亮度差函数（SAD）和平方亮度差函数（SSD）是针对亮度相似性约束设计的。考虑到梯度域的特征，绝对梯度误差函数（SGRAD）被提出用于配合 SAD 和 SSD 用于亮度相似性约束失效的情况。这些误差匹配函数被定义如式（2.2）~式（2.4）：

$$\mathrm{Cost}_{SSD}(p,d) = \sum_{s \in \mathbf{N_p}} \left| \mathbf{I_L}(s) - \mathbf{I_R}(s+d) \right| \tag{2.2}$$

$$\mathrm{Cost}_{SAD}(p,d) = \sum_{s \in \mathbf{N_p}} \left(\mathbf{I_L}(s) - \mathbf{I_R}(s+d) \right)^2 \tag{2.3}$$

$$\begin{aligned}\mathrm{Cost}_{SGRAD}(p,d) = & \sum_{s \in \mathbf{N_p}} \left| \nabla_x \mathbf{I_L}(s) - \nabla_x \mathbf{I_R}(s+d) \right| \\ & + \left| \nabla_y \mathbf{I_L}(s) - \nabla_y \mathbf{I_R}(s+d) \right| \end{aligned} \tag{2.4}$$

其中，$\mathbf{I_L}$ 和 $\mathbf{I_R}$ 是不同视点图像对，$\mathbf{N_p}$ 是中心像素为 p 的邻域窗口。∇_x 和 ∇_y 是梯度算子。d 是在视差搜索范围［d_{min}，d_{max}］内特定视差。更加先进的误差匹配函数将在第 3 章阐述。

2.2.3.2 最终视差计算

对于每个像素在所有视差值下计算的匹配误差组成匹配误差集 Cost(p, d)。基于这个误差集，最优视差值可以通过局部最优或全局最优的方法计算。局部最优将独立确定每个像素 p 的视差值 d_p，如式（2.5）所示：

$$d_p = \arg\min_d Cost(p, d) \tag{2.5}$$

相比于局部优化方法，全局优化方法总是对视差图预设置先验条件，例如，平滑性先验。而后，所有像素的最优视差值通过最优化能量函数被同时确定。这种方法可以用式（2.6）~式（2.8）表示：

$$\mathbf{D}^* = \arg\min_{\mathbf{D}} data(\mathbf{D}) + \lambda reg(\mathbf{D}) \tag{2.6}$$

$$data(\mathbf{D}) = \sum_{d_p \in \mathbf{D}} Cost(p, d_p) \tag{2.7}$$

$$reg(\mathbf{D}) = \sum_{j \in N_i, i} V(d_i, d_j) \tag{2.8}$$

其中，data 和 reg 分别代表能量函数的数据项和先验正则项。λ 用于平衡这两项。reg 的一个基本设置机制是让函数 V 随着视差的变大单调上升以惩罚视差值跳变，而在纹理图边界区域减少跳变惩罚以保护视差图边界。这类方法和图模型有着紧密的联系，例如：马尔可夫随机场。2.4 节将给出关于马尔可夫随机场更多的介绍。

2.2.4　精细化

由于视差值几乎处处连续，跳变大部分发生在纹理图边界，因此在一个图像分割区域内，颜色的相似性使得可以将区域内所有视差值拟合成一个平面。这项精细化技术被称为平面拟合。另一个被广泛应用的后处理技术是交叉检验，它使用多个视点下的视差图检验视差值的可靠性。这一节将介绍相关内容。

2.2.4.1　使用 RANSAC 的平面拟合

经过平面拟合处理的视差图往往呈现出平滑特性。然而，由于噪声和异常点存在于初始估计的视差图中，这给平面拟合带来了挑战。相比于使用最小二乘法做平面拟合，Random Consecutive and Sample（RANSAC）[11] 技术对异常点不敏感，因此更适合用于该类场景中。

RANSAC 预先定义模型和评估函数以给出待拟合点与模型的距离。它交叉执行假设和检验两步。假设步是随机选取最少的数据点以唯一确定模型所有参数。检验步是使用评估函数计算所有其他点到该拟合模型的距离。预设的门限将所有数据点分为正常值和异常值。拥有最少异常值的模型被认为是最合适的。一个可选步骤是使用所有正常数据再次拟合模型。

对于平面拟合问题，模型和评估函数 E 分别是平面方程和待拟合数据点 $P(p_x, p_y, p_z, 1)$ 到平面 $T(t_x, t_y, t_z, 1)$ 的距离。它们可以分别用式（2.9）和式（2.10）表示。

$$S \cdot T = 0 \tag{2.9}$$

其中，$S(s_x, s_y, s_z, 1)$ 代表平面 T 上的任意一点。

$$E = \frac{P \cdot T}{\sqrt{t_x^2 + t_y^2 + t_z^2}} \tag{2.10}$$

迭代次数是一个自适应调节的参数，它依赖于寻找到一个好样本的概率 pg 和只抽取到坏样本的最大允许概率 pb。最大迭代次数由 $(1-pg)^T \leq pb$ 确定。更详细的内容，请参阅相关内容[11]。

2.2.4.2 两视差图之间的交叉检验

视差图体现了参考图中像素到目标图中对应像素的映射关系。在理想情况下，交换参考图和目标图所估计出的视差图和原视差图是等价的。然而，由于这些视差图上一部分像素估计的视差值不可靠，导致这些视差值互相矛盾。因此，多视点下的视差图可以用来检测所有像素视差值的可靠性。具体地说，该可靠性检测是通过比较当前视点的参考像素的视差值和其他视点目标像素的视差值实现的，如式（2.11）所示：

$$\begin{aligned} \mathbf{D_L}(x,y) &= \mathbf{D_R}(x - \mathbf{D_L}(x,y), y) \\ \mathbf{D_R}(x,y) &= \mathbf{D_L}(x + \mathbf{D_R}(x,y), y) \end{aligned} \tag{2.11}$$

其中，$\mathbf{D_L}$ 和 $\mathbf{D_R}$ 分别是左视图和右视图的视差图，x，y 是图像坐标。如果视差值不能通过检测，则该值不可靠。它们可以通过 2.3 节介绍的滤波器修正。其基本思想是通过邻近的可靠视差值修复不可靠视差值。

2.3 基于主动式获取的深度图增强概述

除了使用立体匹配被动估计深度图外，还可以使用深度传感器主动式获取深度图并且该方式获取的深度值在低纹理区域更加鲁棒。然而，这些直接获取的深度图的质量并不能满足应用的需求。所以，相应的增强算法应运而生。在本书中，深度图增强包括引导性深度图超分辨率重建和引导性深度图修复。这两个任务分别对应于使用 ToF 和结构光深度传感器。首先，本节阐述这两个任务的公共退化模型。随后，简述相关工作。

2.3.1 退化模型

假设 **Y** 是退化后的信号或图像，它的退化模型如式（2.12）所示：

$$\mathbf{Y} = \mathbf{HX} + \mathbf{N} \tag{2.12}$$

其中，**H** 代表降采样和空洞生成矩阵，**X** 是原始高质量信号，**N** 是加性噪声。这个模型描述了高质量信号和退化后信号之间的数学关系。这个关系被广泛使用于深度图重构中。该模型指明深度图增强是一个高度病态反问题。

2.3.2 相关工作

由于深度图超分辨率重建和修复问题是式（2.12）的不同表现形式，本章将回顾用于解决这两个问题的共用方法。现有方法可以分为两类：非引导性方法[12-14]和引导性方法[15-17]。

2.3.2.1 非引导性方法

由于本书关注于引导性深度图增强，非引导性方法的相关工作简述如下：文献［12］使用局部自相似性的平滑先验实现单深度图超分辨率重建，但在边界较丰富区域的重建效果仍存在问题，且只能适用于小尺度上采样。文献［14］提出一种基于改进的联合双边滤波器的单深度图超分辨率重建，滤波器的引导信息来源于高质量深度边界图，该边界图由低分辨率深度边界图经过基于图像块综合的马尔可夫随机场优化获取。另一类非纹理引导方法[13]是将有偏移的多个低分辨率深度图融合成一幅高分辨率深度图，然而这种方法相对比较复杂，各个深度传感器之间的几何关系不容易确定。

2.3.2.2 引导性方法

引导性方法通过提取来自匹配的高质量纹理图的引导信息以增强低质量深度图。这类方法又可以细分为三类：局部优化方法[5,18-20]、全局优化方法[4,16,17,21]和机器学习方法[6,9,10]。

局部优化方法往往使用加权平均独立增强每个像素的深度值。自适应权重的确定来源于纹理图的引导。全局优化方法总是将深度图增强建模成目标函数优化问题，通过求解该问题预先定义的能量函数极值获取高质量深度图。它们基于图模型引入基于纹理图引导的先验以减少病态反问题的歧义性。这类方法的基础假设是纹理图和深度图边界的出现位置具有一致性。通过引入外部训练数据，机器学习算法可以被用于学习引导信息和特定信号的先验。这是单图像增强的直接推广以应用于引导性图像增强。

由于有很多技术可以同时应用于深度图估计和深度图增强，本章将在后续小节中集中介绍。这些技术包滤波器、图模型、全局优化和相关的机器学习理论。

2.4 局部优化方法和滤波器

在介绍了有关深度图估计和深度图增强的基础概念之后，本节将阐述经典滤波器以及它们在上述任务中的应用。

2.4.1 基于 L2 范数优化滤波器

双边滤波器[22]是该类滤波器的代表性技术，它的形式如式（2.13）所示：

$$e'_p = \sum_{q \in N_p} W(q,p) \times e_q \tag{2.13}$$

其中，e_q 是参与加权平均的元素，它在深度图估计和深度图增强中有着不同的意思，相关细节将在后续内容中说明。$\mathbf{N}_p$表示中心像素为 p 的局部窗口，e'_p是滤波后 p 的值。W 是权重核函数，定义如式（2.14）所示：

$$W(q,p)=e^{-\frac{(I_p-I_q)^2}{2\delta_c^2}}\times e^{-\frac{(p-q)^2}{2\delta_d^2}} \tag{2.14}$$

其中，δ_c 和 δ_d 分别是纹理核和欧式距离核的衰减因子。**I** 是纹理图，I_p，I_q 是它的元素。p，q 表示像素的二维图像坐标。本质上，这个滤波器是各向异性加权平均，每对像素的权重由颜色差异和位置差异决定。更具体地说，它基于一个合理的假设，即那些和窗口中心像素具有相似颜色和相近图像坐标的像素在加权平均中具有较大权重。

对于保持边界的平滑任务，e_q 是像素 q 任意颜色通道的值[23]，它可以阻止与当前中心像素颜色有很大差异的像素参与加权平均。因此，图像可以得到有效平滑并保持边界信息。

对于匹配误差计算，e_q 是当前匹配窗口中的像素 q 在特定视差假设下的匹配误差[24]。最终匹配误差是每个像素匹配误差的加权平均。由于颜色和图像坐标与窗口中心像素相近的像素有大概率和该中心像素有相同或相似的视差值，因此这些像素值应该在加权平均中获得大权重。该方法被称为软分割[25]如式（2.15）所示：

$$\mathrm{Cost}(p,d)=\frac{\sum_{q\in N_p}W_{ref}(q,p)W_{tar}(q-d,p-d)\mathrm{diff}(q,q-d)}{\sum_{q\in N_p}W_{ref}(q,p)W_{tar}(q-d,p-d)} \tag{2.15}$$

其中，W_{ref}和 W_{tar}分别是通过双边滤波器（式（2.14））计算的参考窗口和目标窗口的加权权重。diff 是像素匹配误差。分母是归一化因子。

在深度图超分辨率重建应用中，一个基于联合双边滤波器的图像上采样方法被提出[5]。低分辨率的深度图边界可以通过引入配对的高分辨率纹理图边界信息而得到增强。e_q 是像素 q 未滤波前的值，e_p'代表像素 p 滤波后的值。

基于文献［5］，很多变种方法被提出。文献［18］提出基于测地距的滤波器权重计算方法。测地距在颜色和图像坐标的联合空间中计算，而文献［5］的权重在颜色和图像坐标两个独立空间计算。相比于文献［5］，联合测地距权重核累积了沿着测地曲线的颜色变化，因此，它对精细的结构和细小的尺度变化更加敏感。增强后的深度图将呈现出平滑的表面和锐利的边界。文献［19］提出基于引导性图像滤波的深度图增强，它将增强后的深度图和引导图像之间的关系建模成线性的。该模型假设滤波输出图像有边界当且仅当引导图像有边界，并通过寻找能最小化预定义能量函数的解确定该模型的系数。能量函数由滤波后的图像和滤波前的输入图像的误差平方和附加模型系数的 L2 正则约束组成。所有上述方法均是式(2.13)的特例。文献［18］和［19］的权重核分别由式(2.16)和式(2.17)表示。文献［19］的权重核还可以应用于深度图估计的误差匹配计算中[26]。

$$W(q,p)=e^{-\frac{G_d(q,p)}{2\delta^2}} \tag{2.16}$$

其中，$G_d(q,p)$ 表示像素对 p，q 间的测地距。

$$W(q,p)=\frac{1}{|\omega|^2}\sum_{k:(p,q)\in \mathbf{N}_k}\left(1+\frac{(I_p-\mu_k)(I_q-\mu_k)}{\delta_k^2+\varepsilon}\right) \tag{2.17}$$

其中，μ_k 是中心像素为 k 的局部窗口均值。$k:(p,q)\in \mathbf{N}_k$ 代表所有包含像素对 p，q 的窗口。$|\omega|$ 是局部窗口的像素个数。ε 是一个很小的常量以避免分母为 0。

2.4.2 基于 L1 范数优化滤波器

上述的滤波器权重核均基于 L2 范数优化。受深度图估计中误差匹配的启发，另一类基于 L1 范数优化的滤波器被提出。相比于基于 L2 范数优化滤波器，这类滤波器对异常点数据更加鲁棒。文献［27］预先设定可能的深度值量化值范围，并使用联合双边滤波器迭代优化深度图。经过预设的迭代次数，最终的深度值由赢者通吃算法在 3D 代价集上确定。实验表明该方法能获得更优异的边界保护效果。文献［20］提出联合直方图的滤波器方法。直方图一旦生成，纹理图中像素与其邻近像素对的权重可以通过颜色差异计算。这个权重用于统计直方图中每个块的频数。最终深度值由直方图中具有最高频数的块决定。以上方法具有相似的数学表示，如式(2.18)和式(2.19)所示。这些滤波器和深度估计中匹配误差计算的相似性可以由这些公式体现。再次说明，它们具有相同的假设，即颜色相近的像素其深度值亦相似。

$$d_p^*=\underset{d\in[d_{min},d_{max}]}{\arg\max}\ Cost(p,d) \tag{2.18}$$

$$Cost(p,d)=\sum_{q\in \mathbf{N}_p}W(q,p)Er(d-d_q) \tag{2.19}$$

其中，Cost 是代价集。在特定的深度量化值 d 下，每个像素 p 代价值使用加权平均计算。W(q, p) 的含义同式 (2.14)。Er 是误差函数，以上方法具有不同的误差函数。文献 [27] 和文献 [20] 的误差函数 Er 分别由式 (2.20) 和 (2.21) 给出。

$$Er(d-d_q)=\min(|d-d_q|,\tau) \tag{2.20}$$

$$Er(d-d_q)=e^{-\frac{(d-d_q)^2}{2\delta^2}} \tag{2.21}$$

其中，τ 和 δ 是预定义的参数。

所有的局部优化方法都可以迭代执行以实现由粗到细的深度图增强。总体来说，局部优化算法的复杂度低，所以它们的高效具有很强的吸引力。然而，它们往往不如全局优化算法的效果好，尤其是在有噪数据的处理上。

2.5　全局优化方法和图模型

2.5.1　与贝叶斯推断的关系

与 2.3 节介绍的局部优化方法相比，全局优化算法更加鲁棒。具体的任务被建模成寻找预定义目标函数极值的优化问题。该函数又被称为能量函数。大部分的全局方法属于贝叶斯推断。例如，马尔可夫随机场的一般形式如式 (2.22) 所示[28]。

$$\begin{aligned} pb(\mathbf{X}|\mathbf{Y}) &= \frac{pb(\mathbf{Y}|\mathbf{X})pb(\mathbf{X})}{\sum_{\mathbf{X}} pb(\mathbf{Y}|\mathbf{X})pb(\mathbf{X})} \\ pb(\mathbf{Y}|\mathbf{X}) &= e^{-data(X,Y)} \\ pb(\mathbf{X}) &= e^{-\lambda reg(X)} \end{aligned} \tag{2.22}$$

其中，**X** 是推断的结果，也就是深度图估计或深度图增强获取的高质量深度图。**Y** 是用于推断的观察信息，例如：深度增强中的传感器直接获取的深度值，深度估计中的匹配误差集。pb 表示未归一化的概率。data(**X**, **Y**) 代表能量函数中的数据项，它代表在给定 **X** 的条件下，**Y** 出现的可能性度量。reg(**X**) 是先验正则项，它是对 **X** 自身先验分布的描述。λ 是平衡因子。

基于最大后验估计理论，推断的结果由 $\arg\max_X pb(X|Y)$ 给出。由于

分母仅仅与 Y 有关，所以它可以被忽略。等价的公式是最大化$\hat{pb}(X \mid Y)$，如式（2.23）所示：

$$X^* = \arg\max_{\mathbf{X}} \hat{pb}(\mathbf{X} \mid \mathbf{Y}) = \arg\max_{\mathbf{X}} pb(\mathbf{Y} \mid \mathbf{X})\, pb(\mathbf{X}) \tag{2.23}$$

因此，最小化由式（2.24）定义的能量函数 E 等价于最大化$\hat{pb}$（$\mathbf{X} \mid \mathbf{Y}$）。

$$\mathbf{X}^* = \arg\min_{\mathbf{X}} E(\mathbf{X},\mathbf{Y}) = data(\mathbf{X},\mathbf{Y}) + \lambda reg(\mathbf{X}) \tag{2.24}$$

先验正则项 reg 对应于特定的先验假设。例如，对应于平滑性先验，reg 可以建模成式（2.25）：

$$pb(\mathbf{X}) = e^{-\lambda reg(\mathbf{X})} = e^{-\|Vec(\nabla\mathbf{X})\|_2} \tag{2.25}$$

其中，∇是梯度算子，它计算当前像素与它邻近像素值的差异。**Vec** 是向量化算子，它将所有梯度值拉直形成向量。数据项 data 因具体任务有特殊定义，它们将在随后的小节介绍。

2.5.2 用于深度图估计和深度图增强的贝叶斯推断

对于深度图估计，**X** 和 **Y** 分别是推断的深度图 **D** 和可观测的所有像素的匹配误差 **Cost**(**D**)。具体地说，对特定像素 p，它的真实视差值 $d_p \in \mathbf{D}$ 更倾向于对应最小的匹配误差 Cost(d_p)。因此，pb(**Cost**(**D**) | **D**) 由式（2.26）定义，它表示匹配误差越大，选择到的真实视差值的概率越小。

$$pb(\mathbf{Cost}(\mathbf{D}) \mid \mathbf{D}) = \mathbf{e}^{-\mathbf{Cost}(\mathbf{D})} \tag{2.26}$$

对于深度增强，**X** 和 **Y** 则代表推断的深度图 **D** 和传感器直接获取的低分辨率深度图 **O**。pb(**O** | **D**) 则与 **D** 和观测深度值 **O** 之间的距离度量有关，如式（2.27）所示。距离度量函数 f 是开放的，例如，可以选择，MSE（mean square error）函数。它的基本思想是让推断的深度值和已知的深度观测值尽可能相似。

$$pb(\mathbf{O} \mid \mathbf{D}) = e^{-f(\mathbf{D},\mathbf{O})} \tag{2.27}$$

在随后的内容中，我们将介绍通过全局优化求解深度估计和深度增强问题的方法细节。

2.5.3 基于图割的离散优化

因为深度图估计是计算离散视差值，所以它是离散优化问题。通过对真实物理深度值量化，深度增强也可以化为离散优化问题。这节将介绍图割算法[29]，它是有代表性的基于图的离散优化算法。为了便于介绍如何将深度图估计和深度图增强任务建模成图优化问题，本节首先介绍一些图割算法的基本概念。

第一个概念是图割，是通过给所有变量更新标签以解决二值离散优化问题（式（2.24））。更换标签的方法有两种，分别是 α 扩展和 α，β 交换。其中，α，β 代表可能的二值标签。α，β 交换通过将像素的标签在 α，β 之间切换实现离散优化的目的。α 扩展简单将未标有 α 的像素改变成 α 以优化能量函数。由于 α 扩展被文献［1］强烈推荐，这里仅仅介绍被广泛应用的 α 扩展算法。更多关于这两者区别的内容，请参阅文献［29］。标签扩展操作被持续执行直至能量函数收敛。初始标签值可以预先设定也可以随机赋值。在这部分内容中，小写字母 p，q 表示像素，它们的标签值用 d_p，d_q 表示。

第二个概念是更新像素标签值，是通过割裂像素和终端 α 和 α′的连线实现的。具体地说，当像素和终端 α 的连线被切割，则该像素标签被赋值为 α。当它与终端 α′的连线被割断，则它的标签不改变。

第三个概念是一个有效的分割，是完全将终端 α 和 α′断开，即在切割后，它们之间没有通路连接彼此。每一个切割方案的代价是所有被切割的边的代价总和。在所有可能的切割方案中，最小代价的解是实际问题中关心的。

对于深度图估计问题，标签是所有在视察搜索范围内的视差值，而在深度图增强任务中，标签是深度值量化级。因此，上述两问题均是多标签优化问题，不能直接使用图割算法求解。一种变通做法是将原多标签离散优化问题分解成多个两标签离散优化的子问题。随后，原问题求解可以通过按顺序求解所有子问题实现。本小节将详细介绍基于图割的深度估计算法。

现在介绍如何将求解深度估计的能量函数［式（2.24）］极值问题建模成图割优化过程。图由一系列节点组成，每个节点代表一个像素。终端 α 和 α′通过边与所有节点都相连，节点之间也有边。边的权重由能量函数的数据项和先验正则项描述。因此，根据上述第三个图割概念，在特定的图的配置下，寻找最优的割等价于求解能量函数（式（2.24））极小值。为了更加清晰的表述，本部分将分析一个具有两个节点的两标签的图构造子问题。

图 2 - 3 给出了该问题的图示，虚线表示的边被切割，同时每种切割方案的代价也有展示。D 和 R 是边的权重函数，分别对应能量函数的数据项和先验正则项。连接节点和终端的边被称为数据项边，例如：d_p^α 代表连接节点 p 和终端 α 的边，同时在更新标签之前，节点 p 的标签是 d_p。连接节点与节点的边被称为先验正则项边，例如：（p，q）代表连接节点 p 和节点 q 的边。在每次 α 扩展操作之前，那些已有标签不同于 α 的节点，连接它们与 α 的边的权重由能量函数数据项给出，而对已经具有标签 α 的节点，连接它们与 α′的边的权重将被设置为无穷大以保证在优化过程中保持 α 标签不变。基于上述切割数据项边的意义，辅助节点（见图 2 - 3 中的 a）被引入以描述能量函数先验正则项的构造，即节点和它所有邻居节点的数据项边不同的切割情况（见图 2 - 3 中的 p，q）。构造图中的边的权重与能量函数之间的映射如表 2 - 1 所示。

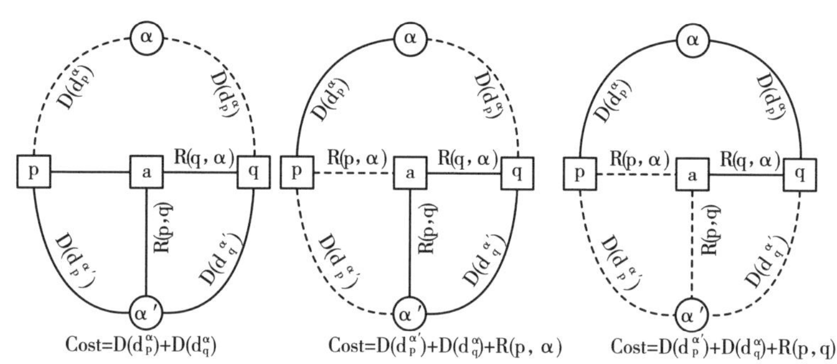

图 2 - 3　图割算法的三种不同切割方案图示

表 2 - 1　图 2 - 3 的边权重

边	权重	更新前节点状态
$D(d_p^{\alpha'})$	Inf	$d_p=\alpha$
$D(d_p^{\alpha'})$	$Data(d_p)$	$d_p\neq\alpha$
$D(d_p^{\alpha})$	$Data(\alpha)$	N/A
$R(p,a)$	$Reg(d_p,\alpha)$	$q\in\mathbf{N_p}$
$R(a,q)$	$Reg(\alpha,d_q)$	$q\in\mathbf{N_p}$
$R(p,q)$	$Reg(d_p,d_q)$	$q\in\mathbf{N_p},d_p\neq d_q$
$R(p,q)$	0	$q\in\mathbf{N_p},d_p=d_q$

在构造好的图中，最小化能量函数等价于找到图的最小流。该问题可以通过确定端点间的最大流求解。最大流算法详见文献［30］。

图割算法可以准确求解两标签优化问题。对于多标签问题，例如：深度图估计和深度图增强，它只能获得近似最优解，即局部极值。该局部最优解一般与全局最优解相差不大。

2.6　基于机器学习的深度图超分辨率

受到 RGB 图像超分辨率重建算法的启发，稀疏编码也被用于深度图超分辨率重建任务中。它分为两种模型：综合模型[31-33]和分析模型[7,34,35]。最近几年，基于深度卷积神经网络的深度图超分辨率重建方法被提出[9,10]。在回顾这些相关工作之前，被简要介绍稀疏编码和深度卷积神经网络。

2.6.1　稀疏编码

本小节将简要介绍稀疏编码的基础理论以及基于综合模式和分析模式的相关工作。

2.6.1.1　综合模式

一个被成功应用于图像重构任务中的先验假设是自然图像可以在特定的过完备字典 $\mathbf{U}\in\mathbf{R}^{n\times m}$（m > n）上呈现稀疏表示 $\boldsymbol{\alpha}\in\mathbf{R}^{m}$。向量 $\boldsymbol{\alpha}$ 稀疏的含义是它的大部分分量都接近于 0。当信号或拉直的图像块 $\mathbf{x}$ 在字典 $\mathbf{U}$ 上具有稀疏表示 $\boldsymbol{\alpha}$，则仅仅使用字典 $\mathbf{U}$ 上的少量列（原子）$\{\mathbf{U}_i\}_{i=1}^{m}$ 的线性组合就能完美重构原信号 $\mathbf{x}$ 如式（2.28）所示。

$$\mathbf{x}=\mathbf{U}\boldsymbol{\alpha} \tag{2.28}$$

字典 $\mathbf{U}$ 一般通过式（2.29）学习。

$$\mathbf{U}^{*},\boldsymbol{\alpha}^{*}=\arg\min_{\mathbf{U},\boldsymbol{\alpha}}\|\mathbf{x}-\mathbf{U}\boldsymbol{\alpha}\|_2^2 \quad \text{s.t. } g(\boldsymbol{\alpha})<\varepsilon \tag{2.29}$$

其中，g 是稀疏性度量函数，$\varepsilon\in\mathbf{R}^{+}$ 是估计的稀疏度量的上界。理想情况下，稀疏性应该用 0 范数度量，即 $g(\boldsymbol{\alpha})=\|\boldsymbol{\alpha}\|_0$。然而，由于 0 范数优化问题是 NP 难问题，故用 p（0 < p < 1）范数代替。除了 p 范数以外，还有

很多其他的稀疏度量函数，例如文献［7］使用的平方对数函数。对稀疏度量函数的讨论超出本书的讨论范围。

基于学习到的字典 **U** 和观察到的由式（2.12）描述的低质量信号 **y**，则原始高质量信号可以通过首先求解字典的稀疏表示 **α**，随后使用该稀疏表示 **α** 对字典中的对应原子加权求和获取（如式（2.30）所示）。

$$\begin{aligned}&\boldsymbol{\alpha}^* = \arg\min_{\alpha} g(\boldsymbol{\alpha}) \quad \text{s.t.} \ \|\mathbf{HU}\boldsymbol{\alpha} - \mathbf{y}\|_2^2 \leqslant \varepsilon \\ &\mathbf{x}^* = \mathbf{U}\boldsymbol{\alpha}^*\end{aligned} \tag{2.30}$$

基于综合模型的深度图增强的代表性工作简述如下：文献［31］使用配对的原始高分辨率深度图像块、低分辨率深度图像块和高分辨率纹理图像块联合训练三个字典。在重建阶段，高分辨率深度图通过对应字典的稀疏系数恢复。文献［33］通过学习多尺度字典将高分辨率纹理图引导信息引入低分辨率深度图。学习到的字典描述了高分辨率深度图、低分辨率深度图和高分辨率纹理图之间的关系。这两种方法使用相同的训练框架如式（2.31）所示。

$$\mathbf{U}^*, \boldsymbol{\alpha}^* = \arg\min_{\mathbf{U},\boldsymbol{\alpha}} \left\| \begin{bmatrix} \mathbf{x_h} \\ \tilde{\mathbf{x}}_\mathbf{l} \\ \mathbf{x_c} \end{bmatrix} - \begin{bmatrix} \mathbf{U_h} \\ \mathbf{U_l} \\ \mathbf{U_c} \end{bmatrix} \boldsymbol{\alpha} \right\|^2 + \lambda \|\boldsymbol{\alpha}\|_1 \tag{2.31}$$

其中，$\mathbf{x_h}$，$\tilde{\mathbf{x}}_\mathbf{l}$和$\mathbf{x_c}$分别代表高分辨率深度图像块、低分辨率深度图像块和高分辨率纹理图像块。$\mathbf{U_h}$，$\mathbf{U_l}$和$\mathbf{U_c}$分别是它们对应的字典。**α** 是共享的稀疏系数。总的来说，文献［33］可以获得比文献［31］更鲁棒的结果。该方法渐进的上采样低分辨率深度图并引入归一化互相关系数度量纹理图边界和深度图边界的一致性程度。此外，在重构阶段，文献［31］独立重构每一个图像块容易导致图像块重叠区的过度模糊，而文献［33］使用全局重构框架减轻了模糊的程度。

2.6.1.2 分析模式

与式（2.28）描述的综合模式不同，分析模式的重构阶段需要求解式（2.32）。

$$\mathbf{x}^* = \arg\min_{\mathbf{x}} g(\boldsymbol{\Omega}\mathbf{x}) \quad \text{s.t.} \ \|\mathbf{HX} - \mathbf{y}\| < \varepsilon \tag{2.32}$$

其中，$\boldsymbol{\Omega} \in \mathbf{R}^{\mathbf{k}\times\mathbf{n}}$（k > n）被称为分析算子，分析矢量 $\boldsymbol{\Omega}\mathbf{x} \in \mathbf{R}^{\mathbf{k}}$被认为是稀

疏的。g 是稀疏性度量函数。在综合模式中，信号由稀疏表示 $\boldsymbol{\alpha}$ 中的非零部分完全描述。然而，在分析模式中，分析矢量 $\boldsymbol{\Omega x}$ 为 0 的部分描述了包含信号的子空间。为了强调这个区别，术语共轭稀疏性被引入以计算分析矢量 $\boldsymbol{\Omega x}$ 分量为 0 的个数[35]。这两种模式的区别还体现在学习阶段。分析模式的算子的学习过程用式（2.33）表示。

$$\mathbf{x}^*,\boldsymbol{\Omega}^* = \arg\min_{\mathbf{x},\boldsymbol{\Omega}} g(\boldsymbol{\Omega}\mathbf{x}) + \mathrm{reg}(\boldsymbol{\Omega}) \quad \text{s. t. } \|\mathbf{x}-\mathbf{y}\|_2^2 \leqslant \varepsilon \tag{2.33}$$

其中，$\mathrm{reg}(\boldsymbol{\Omega})$ 是对算子附加的正则限制以避免得到平凡解。事实上，如果没有正则限制项，则 $\boldsymbol{\Omega} \equiv 0$ 是式（2.33）的全局最小解。这类正则限制在[35,36]有所讨论。一些常用的正则限制列举如下：

- 行范数正则限制：算子 $\boldsymbol{\Omega}$ 的每一行具有相同的范数。例如，$\|\boldsymbol{\Omega}_i\|_2 = a$，其中 $\boldsymbol{\Omega}_i$ 表示算子 Ω 的第 i 行。
- 满秩正则限制：算子 $\boldsymbol{\Omega}$ 满秩。即 $\mathrm{rank}(\boldsymbol{\Omega}) = n$。
- 紧框架正则限制：$\mathbf{R}^{k\times n}$ 空间中的紧框架定义是 $\boldsymbol{\Omega}\boldsymbol{\Omega}^{\mathrm{T}} = \mathbf{I}_k$，$\mathbf{I}_k$ 是 $\mathbf{R}^k$ 空间中的单位矩阵。

基于分析模式，文献［7］假设深度图分析矢量和纹理图分析矢量中 0 出现的位置相同并联合训练了用于深度图和其对应的纹理图的两个分析算子。在重建阶段，通过少量观测数据和上述假设恢复高分辨率深度图。训练阶段和重建阶段的优化问题分别如式（2.34）和式（2.35）所示。

$$(\boldsymbol{\Omega}_\mathbf{I}^*,\boldsymbol{\Omega}_\mathbf{D}^*) \in \mathop{\arg\min}_{\boldsymbol{\Omega}_\mathbf{I},\boldsymbol{\Omega}_\mathbf{D} \in \mathrm{OB}(\mathbf{n},\mathbf{k})} g(\boldsymbol{\Omega}_\mathbf{I}\mathbf{x}_\mathbf{I},\boldsymbol{\Omega}_\mathbf{D}\mathbf{x}_\mathbf{D}) + \mathrm{reg}(\boldsymbol{\Omega}_\mathbf{I}) + \mathrm{reg}(\boldsymbol{\Omega}_\mathbf{D}) \tag{2.34}$$

其中，$\mathbf{x}_\mathbf{I}$ 和 $\mathbf{x}_\mathbf{D}$ 分别是配对的高分辨率纹理图像块和高分辨率深度图像块。$\boldsymbol{\Omega}_\mathbf{I}^*$ 和 $\boldsymbol{\Omega}_\mathbf{D}^*$ 是用于它们的分析算子。g 是稀疏度量函数。分析算子被限制在 OB(n，k）空间上，该空间由所有满秩且每一列矢量的模为 1 的矩阵组成。reg 是对这些分析算子附加的先验知识。关于 reg 的具体定义，请参阅文献［7］。

$$\mathbf{x}_\mathbf{D}^* \in \arg\min_{\mathbf{x}_\mathbf{D}} \lambda g(\mathbf{c},\boldsymbol{\Omega}_\mathbf{D}\mathbf{x}_\mathbf{D}) + \|\mathbf{H}_\mathbf{D}\mathbf{x}_\mathbf{D} - \mathbf{y}_\mathbf{D}\|_2^2 \tag{2.35}$$

其中，$\mathbf{c}$ 表示纹理图像块的分析矢量。由于它与 $\mathbf{x}_\mathbf{D}^*$ 无关，故被当作常量。$\mathbf{x}_\mathbf{D}$ 是深度图像块，$\mathbf{H}_\mathbf{D}$ 是退化矩阵，$\mathbf{y}_\mathbf{D}$ 是观测值集合。

尽管基于稀疏编码的深度增强方法能获得鲁棒的结果，但是稀疏编码模型的表征能力弱于深度卷积神经网络。此外，它们总是不可避免地需要各种各样的前处理过程，而深度卷积神经网络一般是端对端模型，即不需要特殊的前处理操作。下一节将简要介绍深度卷积神经网络以及基于它的一些相关工作。

2.6.2 卷积神经网络

卷积网络又被称为卷积神经网络或CNN，它是一种专用于处理具有已知网格拓扑结构数据的特殊神经网络。卷积是一种线性操作，而卷积网络是在至少一层中使用卷积替换矩阵乘法的神经网络[37]。

基于卷积神经网络的深度图超分辨率重建并不显式学习字典，这是与基于稀疏编码的相应方法的一个典型的区别。一般基于卷积神经网络的方法是端对端的，它们不需要特殊的前处理操作。

文献［38］首次在单图像超分辨率重建任务中使用端对端的深度卷积神经网络（SRCNN）。随后，大量基于卷积神经网络的图像增强算法被提出[39,40]。相比于单图像增强算法，将深度卷积神经网络用于引导性深度图超分辨率重建的工作相对比较少。最近，文献［10］提出一个多尺度卷积神经网络（MSG - Net）并将其应用于引导性深度图超分辨率重建中。该网络是用多尺度机制将高分辨率纹理图特征和低分辨率深度图特征融合。它渐进地解决超分辨率重建过程中的歧义性。

2.7 本章小结

本章首先介绍了关于被动式深度图获取（深度图估计）和主动式深度图获取（深度图增强）的基本概念。而后，简要介绍了一些有代表性的技术和理论（局部优化方法中的滤波器，全局优化方法中的图割算法以及相关的机器学习方法），包括它们在深度图估计和深度图增强中的应用。在后续章节中，将详细阐述绪论中列举的深度图获取算法。

第3章 快速深度序列估计

3.1 引　　言

深度图（深度与视差等价）可以在多视点纹理图之间使用立体匹配获取。文献［1］给出了关于立体匹配算法较全面的报告。该报告指出，立体匹配算法可以分为两类：局部匹配算法和全局匹配算法。局部匹配算法仅仅使用局部图像信息独立计算每个像素的深度值。相比于局部匹配算法，全局算法相对复杂。它基于深度图特定的先验知识（例如，平滑性假设）同时求解所有像素的深度值[41-46]。本章旨在设计鲁棒且低复杂度的局部匹配方法。相关工作及其分析阐述如下。

匹配误差计算是生成一个匹配代价集合，它包含所有像素在所有可能的视差值下的匹配代价值。正如第二章所说明的，为了使匹配更加鲁棒，每个像素的匹配误差都在局部窗口中计算。关于确定局部窗口的大小和形状，有很多方法被提出。基于多窗口的方法是在预先设定的一组窗口中选择最佳的一个[47]。基于可变窗口的方法不需要预先设定候选窗口，而是为每个像素计算出最优的形状[48]。基于自适应权重的方法往往固定比较大的窗口尺寸，而后对窗口内的每个像素都计算权重。不同于可变窗口显式为每个像素计算窗口形状，该方法通过引入模糊隐式地确定了像素的匹配窗口形状[49,50]。

在这三类计算方法中，基于自适应权重的方法的效果最好。像素的权重表征当前像素与窗口中心像素具有相同视差值的可能性。大部分方法认为自适应权重的计算由当前像素与窗口中心像素的颜色差异和图像坐标位置差异确定[25]。因此，在匹配误差计算中，窗口内所有像素作用大小被自适应确定。

尽管基于自适应权重的局部匹配算法可以获得相对令人满意的结果，但是逐像素权重计算及匹配非常耗时。事实上，对没有纹理信息的平滑深度图而言该算法具有计算冗余度。本章提出一种自适应匹配方法以减少计算复杂度，同时获得比先进的局部匹配算法更好或相近质量的深度图。

此外，基于相同物体在不同视点图像中具有相同或相似的颜色值这个假设，大量的立体匹配算法使用颜色信息匹配，然而在低纹理区域，由于缺乏显著的特征给匹配带来了挑战。为了解决这个难题，在文献［51］的启发下，本章提出的方法引入仿射不变特征以在低纹理区域获得更鲁棒的匹配结果。具体细节将在下一小节介绍。

3.2 快速深度估计

本节首先介绍仿射不变特征（i. e. , Affine Invariant Feature，AIF）的定义，然后提出一种快速深度图估计算法，它在多视点纹理图之间使用立体匹配获取深度信息。整个算法包括初始深度估计和深度图精细化两部分组成。

3.2.1 仿射不变特征

3.2.1.1 定义

在详述提出的算法之前，本小节先阐述仿射不变特征（AIF）的定义。ab 是欧式空间 $\mathbf{R}^3$ 中的直线，c 是其上的点。将 ab 投影到两个平面 L 和 R，其上的投影点分别是 a_L，b_L，c_L 和 a_R，b_R，c_R，如图 3－1 所示。o_L 和 o_R 是投影平面的光心。

AIF 由式（3.1）定义[52]。

$$\frac{c_L - a_L}{b_L - a_L} = \frac{c_R - a_R}{b_R - a_R} \tag{3.1}$$

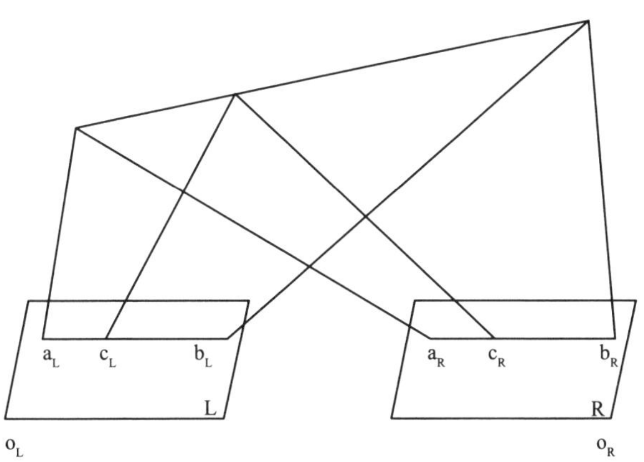

图 3－1　AIF 的几何解释

3.2.1.2　将 AIF 引入深度估计

为了将 AIF 引入深度图估计，首先有两个问题需要进一步讨论。一个问题是仿射不变特征理论上只适用于平面的投影[53]。然而，真实场景比较复杂，不可能是简单的平面。另一个问题是如何找到真实场景的直线在不同视点图像中的投影，即图 3－1 的 a_Lb_L 和 a_Rb_R。围绕这两个问题，本节提出的算法给出如下解决方法：（1）如大量有关立体匹配文献所述，真实场景的深度图被认为是由多个平面组合而成[45,46,51,54]，且对于朗伯平面，高曲率代表大的亮度变化。利用阴影和这些亮度变化可以将复杂物体的曲面轮廓分解为若干个小的低曲率的部分，每一个部分近似于一个平面区域。如此，作为仿射不变特征（AIF）的直线距离比亦可以用于非平面、低纹理区域的匹配中并获得鲁棒效果。（2）在经过图像极线校正后，直线在不同视点图像中的投影在同一行。在本节算法中，直线投影通过预先设定的亮度差异门限经过双向搜索确定。综上所述，直线距离比可以作为仿射不变特征（AIF）用于立体匹配算法中。AIF 的具体计算细节说明如下。

3.2.1.3　AIF 计算

每个像素的 AIF 计算定义如式（3.2）所示。

$$\mathrm{AIF}(p) = \frac{\sum_{q \in L_p} \omega_q}{\sum_{q \in L_p + R_p} \omega_q} \tag{3.2}$$

其中，p 代表当前像素，L_p 和 R_p 分别表示从 p 到其所属的直线投影的左右边界的像素集合。q 是该直线投影中的任意像素。对于每个像素 p，L_p 和 R_p 由预设亮度差异门限经过左右双向搜索决定。双向搜索直到邻近像素的差异绝对值大于门限时停止。理想情况下，ω_q 是逻辑布尔值，表示像素是否属于该直线投影。为了减小使用硬门限判决确定的直线投影范围带来的误差，我们使用软判决方法以描述当前直线投影范围内每个像素属于该直线投影的概率。未归一化的概率由式（3.3）表示。

$$\omega_q = e^{-\frac{(I_p - I_q)^2}{2\delta^2}} \tag{3.3}$$

其中，I_p，I_q 表示像素 p，q 的亮度值。对像素 p 来说，该公式表示在其邻近像素中，亮度值越接近它的像素更有可能与 p 属于同一个直线投影，反之亦然。所有像素的 AIF 特征组成一张 AIF 图像，其与原纹理图分辨率相同。

3.2.2 初始深度图估计

本节将详细介绍初始深度图估计算法。在现有的立体匹配方法中，基于局部窗口的匹配误差计算存在如下普遍问题：一方面，在低纹理区域，相对小的窗口内由于缺乏足够的特征给匹配带来挑战；另一方面，在高纹理区域，使用大窗口的匹配导致不准确的深度图边界。本节提出一种自适应匹配方法以区分上述两种情况并获得更鲁棒的结果。具体地说，在低纹理区域，自适应窗口由过分割方法确定以替换计算复杂度较高的计算方法[25,50]。本节提出的算法先对整个分割区域获取一个初始深度值，而后对分割区域内所有像素在小视差范围内做微调。图像过分割使得具有相似颜色值的像素聚合成一个自适应窗口以减少低纹理区域匹配的歧义性。为了保持高纹理区域的边界和减少计算时间，本算法在这些区域选择相对小的窗口匹配。基于上述自适应匹配方法，相对于现有方法，本算法降低了误差匹配的算法复杂度。在本章中，算法将估计特定视点下的图像像素视差值，该图像被称为参考图像，而其他视点下图像被称为目标图像。图 3－2 是算法流程图。

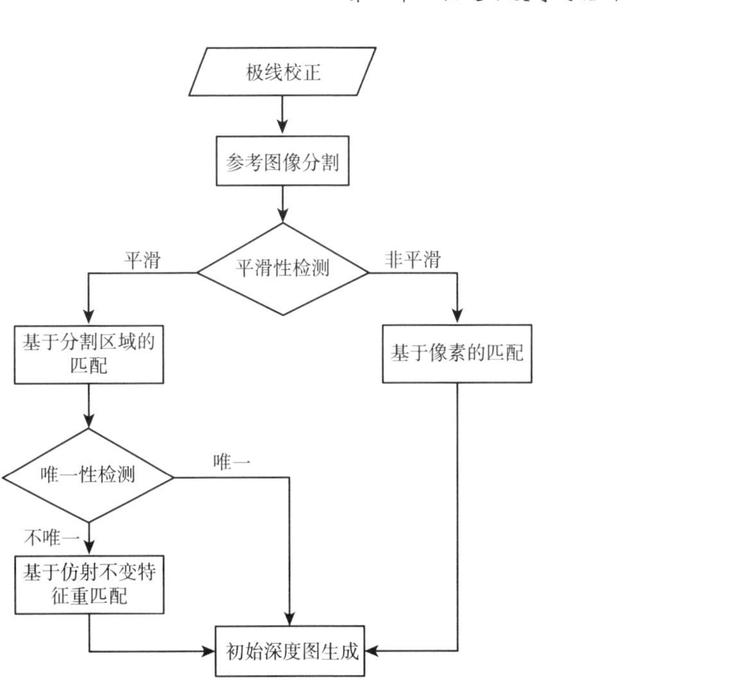

图 3－2　初始深度图生成流程图

3.2.2.1　初始匹配误差计算

本算法基于提出的自适应匹配方法计算所有像素在视差搜索范围内的匹配误差。它的算法细节如下所述。

本算法使用均值漂移算法[55]对参考图像执行过分割。所有的分割区域组成集合 π（$\pi_1 \cdots \pi_{max}$）。根据每个分割区域内像素的个数 $Num(\pi_i)$，将其大于预设门限的分割区域归为平滑区。反之，被归为非平滑区。由于过分割获取的平滑区内所有像素的真实深度值相似的假设相对容易满足，因此，本算法通过简单的 MAD 匹配准则在特定的视差假设下为每个分割区域计算匹配误差，如式（3.4）所示：

$$SAD(k,d) = \sum_{p} |\mathbf{I}_{ref}(p) - \mathbf{I}_{tar}(p+d)| \tag{3.4}$$

其中，SAD(k, d) 代表第 k 个分割区域在视差假设值 d 下的匹配误差。$\mathbf{I}$ 是图像的亮度函数。p + d 是参考图像像素 p 所对应的目标图像像素。

在非平滑区，匹配误差是基于局部窗口逐像素进行计算获得。考虑到计算复杂度，在2.3节中介绍的软分割技术只在参考图像的局部窗口中使用。为了保证算法介绍的完整性，本节将简要叙述相关内容。参考图像局部窗口内像素自适应权重 W_{refer} 由式（3.5）计算。式（3.6）计算自适应加权MAD误差（WMAD），且匹配窗口尺寸是5×5。

$$W_{ref}(p,p') = e^{-\frac{|\mathbf{I}_{ref}(p)-\mathbf{I}_{ref}(p')|}{\gamma_c}-\frac{|p-p'|}{\gamma_d}} \tag{3.5}$$

$$\mathrm{WMAD}(p,d) = \frac{\sum_{p'\in \mathbf{N_p}} W_{ref}(p,p') \times |\mathbf{I_{ref}}(p) - \mathbf{I_{tar}}(p+d)|}{W_{ref}(p,p')} \tag{3.6}$$

其中，p′是参考图像中心像素为p的局部窗口 $\mathbf{N_p}$ 中的任意像素。γ_c 和 γ_d 分别是亮度权重核函数和欧式距离核函数的预设参数。

为了避免错误估计图像边界，本算法使用WMAD和加权梯度绝对差均值准则（WMGRAD）作为复合匹配准则。∇_h 和 ∇_v 分别是亮度图的水平和垂直梯度。WMGRAD由式（3.7）定义。

$$\begin{aligned}\mathrm{WMGRAD}_h(p,d) &= \frac{\sum_{p'\in N_p} W_{ref}(p,p') \times |\nabla_h^{ref}(p) - \nabla_h^{tar}(p+d)|}{W_{ref}(p,p')}\\ \mathrm{WMGRAD}_v(p,d) &= \frac{\sum_{p'\in N_p} W_{ref}(p,p') \times |\nabla_v^{ref}(p) - \nabla_v^{tar}(p+d)|}{W_{ref}(p,p')}\end{aligned} \tag{3.7}$$

此外，本算法自适应调节两部分匹配准则（WMAD和WMGRAD）的作用。由于WMAD准则不适用在图像对之间（参考图像和目标图像）的亮度有显著差异的情况下，本算法将其权重设置为与图像对平均亮度差成反比，如式（3.8）所示：

$$\Omega_{comb} = \frac{1}{1+\alpha \times md} \tag{3.8}$$

其中，md代表图像对的平均亮度差。α是md的权重。

当深度序列被逐帧估计，那么其时域一致性不能被保持。由于场景背景的深度值在邻近帧中应该保持相同，相应的限制应该被加入匹配误差计算中。本算法采用在[56]中定义的时域一致项，它通过计算相邻帧图像块的绝对差异均值并与预设门限比较判定该图像块的运动属性。具体时域一致项temp由式（3.9）和式（3.10）定义。

$$\mathrm{temp}(p,d^t,d^{t-1}) = \lambda_t |d^t - d^{t-1}| \tag{3.9}$$

$$\lambda^t = \begin{cases} 1, & p \in \text{background} \\ 0, & \text{otherwise} \end{cases} \tag{3.10}$$

其中，d^t 和 d^{t-1} 分别代表当前帧和前一帧的深度值。

基于上述分析，平滑区和非平滑区匹配误差函数定义如式（3.11）和式（3.12）所示：

$$\text{Cost}(k,d^t) = \text{SAD}(k,d^t) + \sum_{p \in \pi_k} \text{temp}(p,d^t,d^{t-1}) \tag{3.11}$$

$$\begin{aligned} \text{Cost}(p,d^t) = {} & \Omega_{comb} \times \text{WMAD}(p,d^t) + (1 - \Omega_{comb}) \\ & \times \text{WMGRAD}(p,d^t) + \text{temp}(p,d^t,d^{t-1}) \end{aligned} \tag{3.12}$$

3.2.2.2 匹配误差优化

尽管过分割可以使得在每个分割区域内像素具有相似视差值的假设更容易成立，但是，这样做也有可能将一个相对大的平滑区域分割成若干部分。在这种情况下，低纹理匹配问题仍不能得到有效解决。如果平滑区和非平滑区像素的匹配误差集合不能通过由式（3.13）定义的唯一性测试，则它们被标记为不可靠。

$$\frac{C_{opt}^2 - C_{opt}^1}{C_{opt}^1} > T \tag{3.13}$$

其中，C_{opt}^1 和 C_{opt}^2 是匹配误差集合中的最优值和次优值。

为了避免整个平滑区的匹配错误，针对不可靠的平滑区域，本算法在 AIF 图像上使用 NCC 准则[57]重新匹配。如果该匹配误差代价集合满足式（3.13）的唯一性检测，则该不可靠平滑区域在视差搜索范围内的匹配误差将使用重匹配误差值更新，并将不可靠区域设置为可靠区域。

3.2.2.3 初始深度图生成

完成匹配误差集合的计算后，使用赢者通吃算法以选择非平滑区域特定像素 p 以及整个超像素 k 的最优视差值 d_p 和 d_k。它们由式（3.14）和式（3.15）定义。

$$d_p = \mathop{\arg\min}_{d \in [d_{min}, d_{max}]} \text{Cost}(p,d^t) \tag{3.14}$$

$$\begin{cases} d_k = \mathop{\arg\max}_{d \in [d_{min}, d_{max}]} \text{Cost}(k,d^t), & \text{if Cost}(k,d^t) \text{ is updated} \\ d_k = \mathop{\arg\min}_{d \in [d_{min}, d_{max}]} \text{Cost}(k,d^t), & \text{otherwise} \end{cases} \tag{3.15}$$

3.2.3 深度图优化

由于初始估计的深度图存在错误和噪声，本节进一步提出针对平滑区域和非平滑区域的优化算法。图 3-3 给出了优化算法流程图。

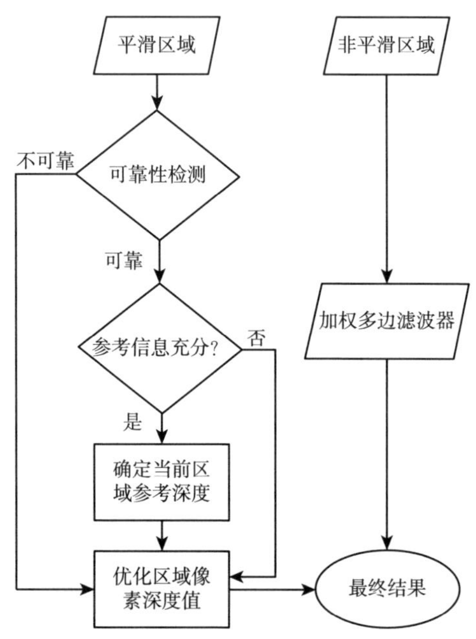

图 3-3 深度图优化算法流程图

3.2.3.1 平滑区域优化

由于过分割，邻近平滑区域可能具有可靠深度值。基于该假设，不可靠的平滑区域可以通过邻近可靠的平滑区域修正。提出的优化算法首先在不可靠平滑区域的邻接分割区域中搜索可靠的平滑区域并把它们放入参考队列。如果参考队列中的平滑区域与当前区域的颜色值差异均值大于预设门限，则将该区域从参考队列中删除。然后，在剩下的可靠分割区域中选择颜色最接近于当前区域的作为最优参考区域，并用其深度值更新当前不可靠区域的深度值。如果参考队列中没有足够的参考信息，则该不可靠区域深度值保持不变。

虽然在平滑区域内像素的深度值较为相似，但是却不是完全一致的。因此，对平滑区域内的所有像素的深度值做微调是必要的。基于当前平滑区域的参考深度值，优化算法为区域内每个像素定义了一个窄的视差重搜索范围。尽管基于颜色相似性的匹配准则在低纹理区域效果很差，但是AIF特征可以有效区分低纹理区域中颜色相近的像素。因此，算法在AIF图像上采用NCC准则为平滑区域内像素深度值做微调，局部窗口大小为5×5。微调视差搜索范围为 $d \in [d_{ref}-2, d_{ref}+2]$。为了获得鲁棒的深度图，只有当最大NCC[57]匹配值大于0.85且满足式（3.13）的唯一性测试时，才更新对应像素深度值。

3.2.3.2 非平滑区域优化

对非平滑区域的不可靠像素深度值，算法采用加权多边滤波器[58]予以修正。在滤波过程中，不可靠平滑区中的像素和非平滑区不可靠像素的权重设置为0。由于该操作只处理不可靠像素，所以附加的计算复杂度较小。

3.2.4 实验结果

提出的算法将在三个视频序列（“Akko”，“Lovebird2”，“Book arrival”）上测试。它们的分辨率分别是640×480，720×576，1024×768。每个测试序列是100帧。

3.2.4.1 初始估计的深度图客观评价

本节将展示使用初始估计的深度图绘制的虚拟视图，并使用其平均峰值信噪比（PSNR）客观评价初始估计深度图的质量。表3-1列出了使用提出的快速深度图估计算法（FDE）、快速深度图估计算法但不使用AIF（FDE w/o AIF）和未经图割优化的深度估计参考软件（DERS w/o GC）[25]获得的深度序列绘制的虚拟视图的PSNR结果。从表中可以看出，FDE在视频序列“Akko”和“Lovebird2”上获得最高的平均PSNR。此外，图3-4列出了上述三个方法每一帧的PSNR值。通过该图可以更清晰地看出提出的方法在视频序列“Akko”和“Lovebird2”上的鲁棒效果。在视频序列“Book arrival”上，FDE可以获得与DERS w/o GC类似的结果。

表 3－1　使用初始估计深度序列绘制的虚拟视图的平均 PSNR

方法 序列	FDE	FDE w/o AIF	DERS w/o GC
Akko	31. 81dB	31. 48dB	31. 29dB
Lovebird2	31. 43dB	31. 33dB	30. 87dB
Book arrival	34. 81dB	34. 52dB	34. 91dB

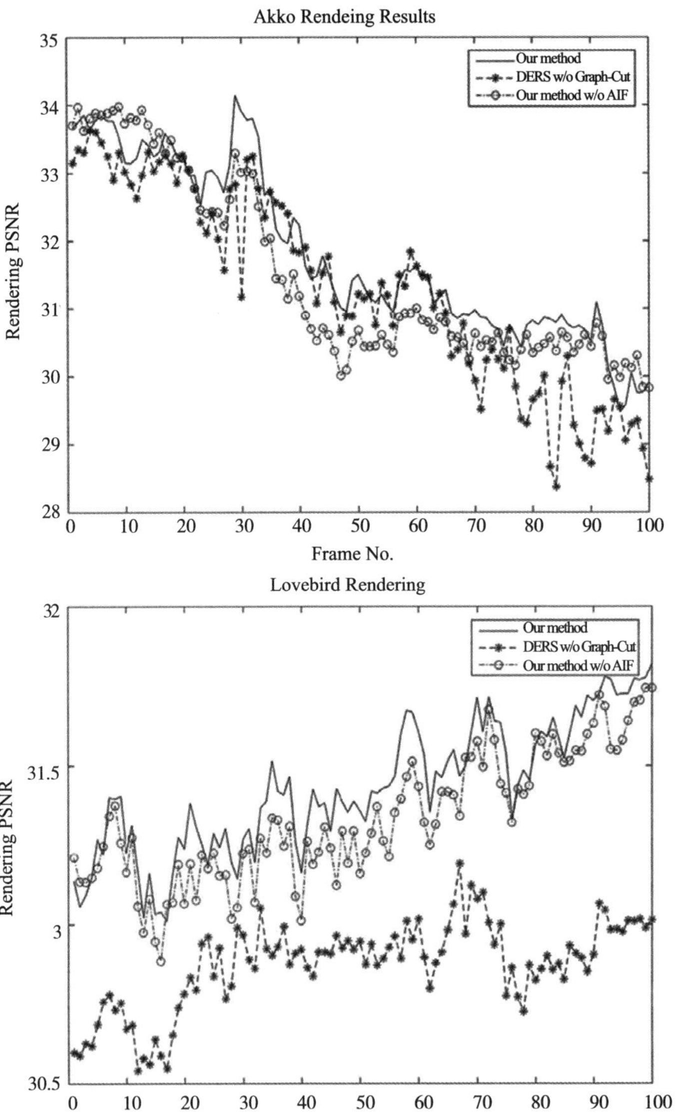

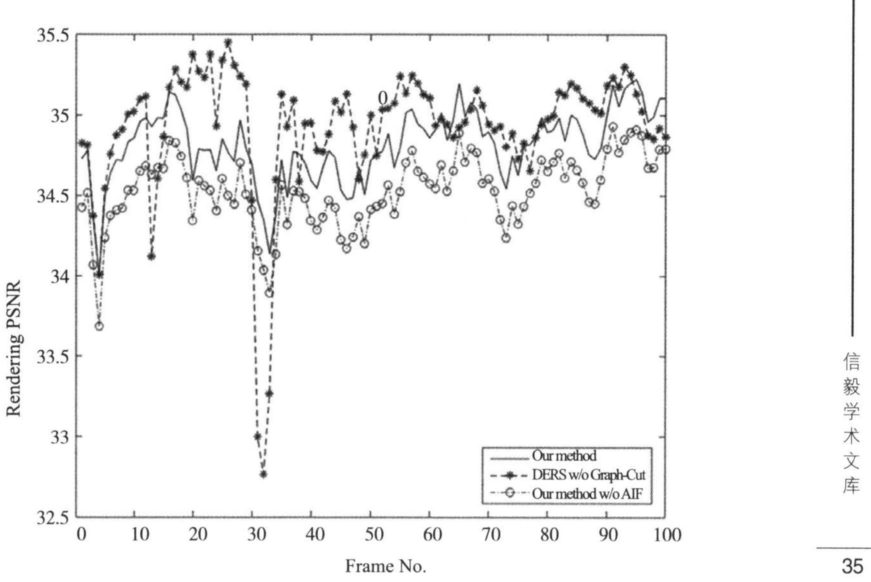

图 3－4 初始估计的深度序列客观评价

（a）使用初始估计深度序列绘制的序列 Akko 的 PSNR，（b）使用初始估计深度序列绘制的序列 Lovebird2 的 PSNR，（c）使用初始估计深度序列绘制的序列 Book arrival 的 PSNR。

3.2.4.2 初始深度图主观评价

本节将对初始估计的深度序列做主观评价并给出相应的分析。图 3－5 展示了使用提出的快速深度估计算法（FDE）、快速深度估计但不使用 AIF（FDE w/o AIF）和未经图割优化的深度估计参考软件（DERS w/o GC）获取的深度图。从图中可以看出，由本算法获得的深度图更加符合真实场景。第一行是视频序列“Akko”的实验结果，FDE 估计的深度图具有更准确的边界信息，尤其在图像左边部分。DERS w/o GC [25] 在低纹理区域的匹配效果比较差，当把 AIF 图像用于匹配中时，可以纠正一些不可靠的平滑区域。此外，FDE 结果中第二行黑板区域的深度估计值基本准确，而文献［25］给出的结果却表现比较差。综合主观和客观评价，可以看出提出的 FDE 算法在视频序列“Akko”和“Lovebird2”上可以获得最佳的实验效果。

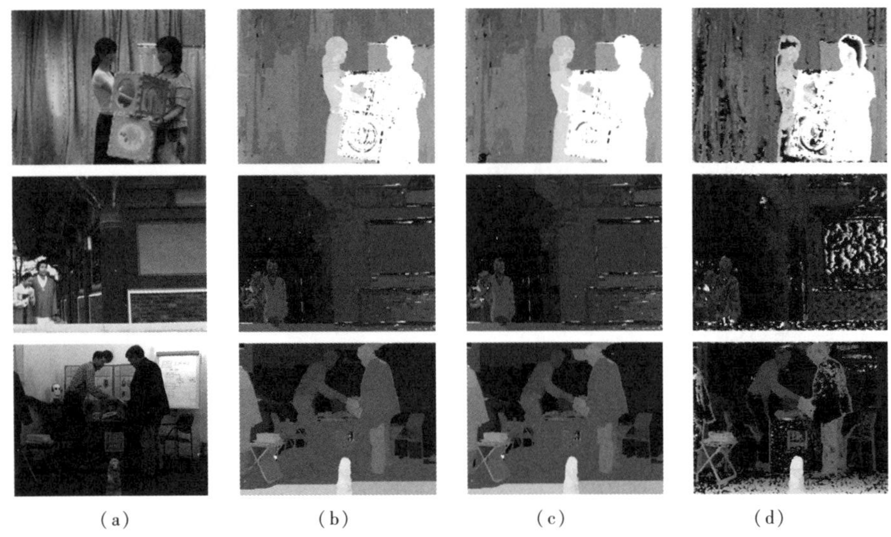

图 3-5 初始估计的深度图主观评价

(a) 纹理图, (b) FDE 估计的深度图, (c) FDE w/o AIF 估计的深度图, (d) DERS w/o GC 估计的深度图。

在视频序列"Book arrival"上，尽管 FDE 在前景部分估计的深度值较其他方法准确，但是背景区域的深度值估计不准确，尤其是场景左上角的白墙区域。对比与不使用 AIF 的算法，使用 AIF 的算法能进一步提高估计的深度图质量，尤其是右边访客人头附近区域估计的深度值。

背景区域的深度值在算法中估计不准确的原因是场景有一定倾斜。在这种情况下，尽管地板各个像素的颜色值相近，但是沿着倾斜的地板平面，其深度值具有较大变化。

3.2.4.3 深度图优化实验结果

为了验证提出的深度图优化算法的有效性，图 3-6 展示了使用经过优化后的深度序列绘制虚拟视图的 PSNR 结果，并与使用初始估计深度图的绘制结果做了比较。平均 PSNR 结果列于表 3-2。与初始深度图估计算法一样的原因，"Book arrival"视频序列的优化增益明显小于其他两个视频序列。

表 3－2　　使用优化深度图绘制的虚拟视图的平均 PSNR

序列 \ 方法	初始深度图绘制结果	优化后深度图绘制结果
Akko	31. 81dB	31. 93dB
Lovebird2	31. 43dB	31. 56dB
Book arrival	34. 81dB	34. 86dB

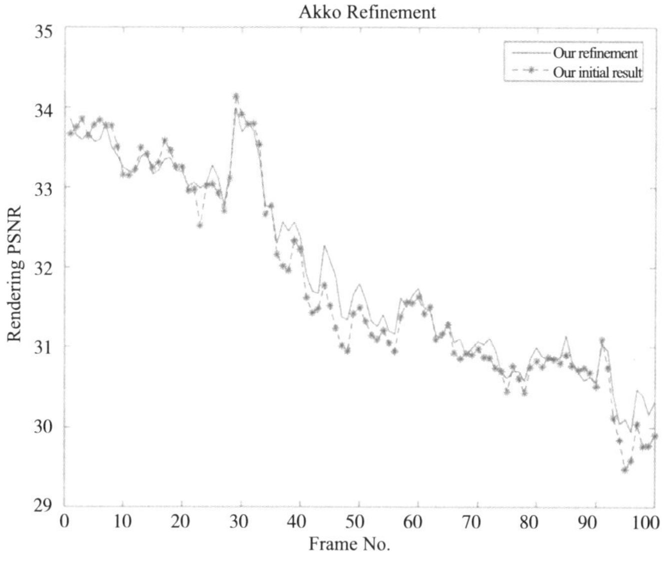

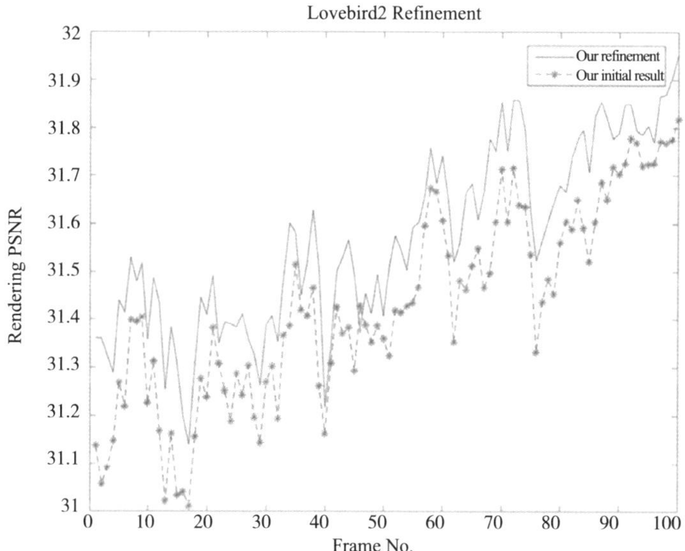

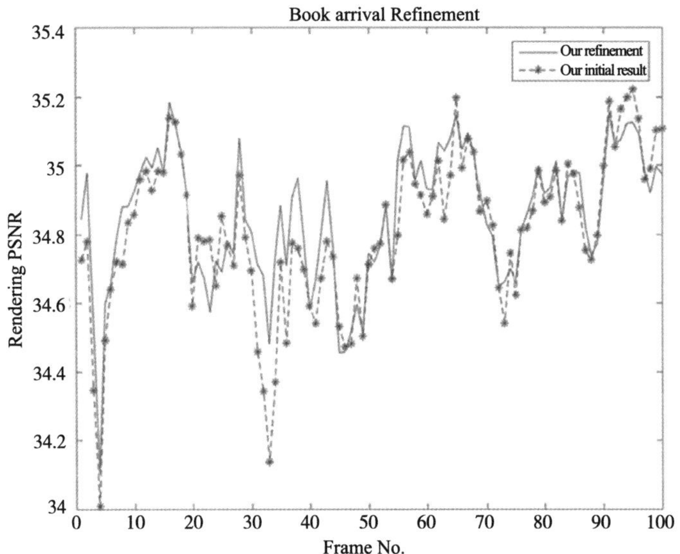

图 3－6　优化后的深度图客观质量评价

（a）使用优化深度图绘制的序列 Akko 的 PSNR，（b）使用优化深度图绘制的序列 Lovebird2 的 PSNR，（c）使用优化深度图绘制的序列 Book arrival 的 PSNR。

3.2.4.4　计算复杂度分析

对于逐像素估计的算法，它们的计算复杂度是 $O(TS_dS_w)$，其中，S_d 和 S_w 分别表示视差搜索范围和匹配窗口尺寸。T 是纹理图像分辨率。对应的，提出的算法采用自适应匹配方法。首先，该算法为每个平滑区域的所有像素获取一个统一的参考视差值。然后，基于参考视差值，算法定义一个小的视差搜索范围对平滑区域内所有像素视差值做微调以优化深度图质量。此外，在高纹理区域，相对小的匹配窗口（$S'_w < S_w$）被采用以保护边界信息。基于以上分析，提出方法的计算复杂度可以被定义为 $O(TS'_dS'_w)$，其中 S'_d（$S'_d < S_d$）代表像素平均视差搜索范围。另外，由于不可靠区域和像素的数量远远小于图像的分辨率，故深度图优化算法引入的计算复杂度相对较小。事实上，如表 3－3 所示，大量的运算时间被用于图像过分割。

表 3－3 平均运行时间比较

方法 序列	DERS w/o GC	FDE			
		分割	匹配	优化	总共
Akko	55s	20s	6s	0. 4s	26. 4s
Lovebird2	60s	25s	7s	0. 6s	32. 6s
Book arrival	280s	75s	18s	3s	96s

所有实验均在 PC（i3 处理器，2G 内存）上进行。表 3－3 列出了算法的平均运行时间和各个部分的平均运行时间，包括分割、匹配和优化。从表中可以看出，本节提出方法的算法复杂度低于文献［25］。

3.3 本章小结

本章首先提出一种基于快速立体匹配的被动式深度图获取算法，综合使用自适应匹配方法和仿射不变特征，通过三个视频序列验证了算法的有效性，实验结果表明该算法不仅能获取鲁棒深度图，而且能有效降低算法复杂度。

第4章 被动式获取的深度序列时域一致性增强

由于深度序列是逐帧估计的，因此无论使用局部方法还是全局方法估计深度图，时域不一致问题均会出现在估计的深度序列中。当使用该深度序列绘制虚拟视点时，将会出现闪烁现象，极大地影响观看体验。其产生的原因是本应该在相邻帧间有相同深度值的区域（如背景区域）在逐帧深度估计获取的深度值存在明显跳变。此外，由于要分配更多的比特存储这种跳变，该深度序列的编码压缩效率较低。本节提出一种多视点深度序列时域一致性增强的方法。

尽管 DERS[25] 在全局能量函数中加入了时域一致项[56]，旨在克服上述问题，但是在帧间该项在能量函数中的权重很难调整以平衡其他项，因此不能完全解决时域不一致问题。文献［59］提出对场景中相邻帧的静止区域的深度值加权平均增强时域一致性。然而，该方法并没有考虑参与加权的深度值的可靠性，并较易导致误差在帧间传播。基于上述分析，本节提出一种显式考虑深度值可靠性和区域运动属性的深度序列时域一致性增强算法。

4.1 时域一致性增强方法

本节将详细介绍提出的深度序列时域一致性增强算法，流程图见图 4－1。提出的加权平均中的自适应系数由两部分组成：（1）静止区域的概率；（2）深度值的可靠性。考虑区域的运动属性，可以有效防止错误扩散到前景。引入深度值可靠性度量可以减少错误深度值在加权平均中的作用并防止错误在帧间传播。对视频序列这种马尔可夫信源，临近的前后帧与当前帧具有最强的关联。因此，提出的加权平均被限定在临近两帧间，其定义如式（4.1）所示。为了简化公式描述，设某一待时域增强的帧所有的深度值 d 构成 **D**。在式（4.1）中，所有运算都是在矢量中逐元素独立进行的，不是矩阵乘法。

$$\mathbf{D}'_{curr}=\frac{\boldsymbol{\omega}^{p}\boldsymbol{\beta}^{p}\mathbf{D}'_{prev}+\boldsymbol{\beta}^{c}\mathbf{D}_{curr}+\boldsymbol{\omega}^{n}\boldsymbol{\beta}^{n}\mathbf{D}_{next}}{\boldsymbol{\omega}^{p}\boldsymbol{\beta}^{p}+\boldsymbol{\beta}^{c}+\boldsymbol{\omega}^{n}\boldsymbol{\beta}^{n}} \tag{4.1}$$

其中，$\mathbf{D}'_{curr}$，$\mathbf{D}'_{prev}$和$\mathbf{D}'_{next}$分别表示深度序列当前帧、前一帧和后一帧的所有像素的深度值。$\mathbf{D}'$代表增强后的某一帧的所有像素的深度值。$\boldsymbol{\omega}^{p}$和$\boldsymbol{\omega}^{n}$分别是前一帧和后一帧所有像素属于静止区域的概率。$\boldsymbol{\beta}^{p}$，$\boldsymbol{\beta}^{c}$和$\boldsymbol{\beta}^{n}$分别是指前一帧，当前帧和后一帧所有像素深度值的可靠性度量。有关 $\boldsymbol{\omega}$ 和 $\boldsymbol{\beta}$ 的计算细节将在本小节后面的内容给出。

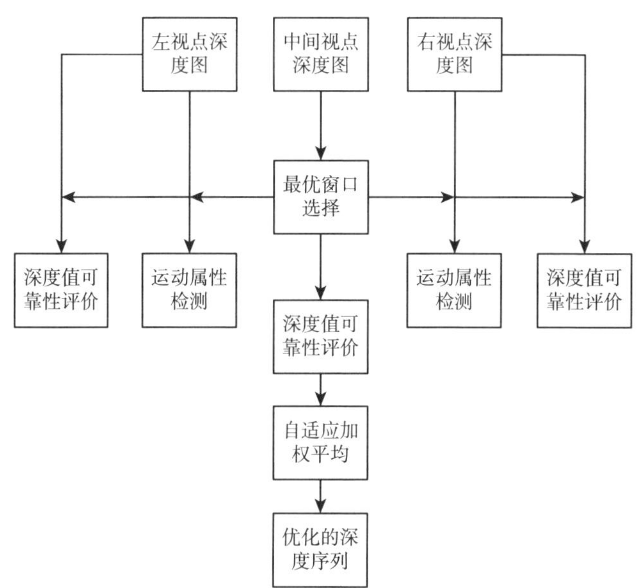

图 4-1　多视点深度序列时域一致性增强算法流程图

4.1.1　属于静止区域的概率计算

基于静止区域在时域邻近帧具有相似的颜色值的观察，MAD 准则被用来计算当前帧内所有像素属于静止区域的概率。该概率在以待评估像素为中心的局部窗口中评估。基于双边滤波器[22]的启发，像素 i 属于静止区域的概率被建模成指数函数，如式（4.2）所示。当 MAD 比较大时，像素 i 属于运动区域，为了获得鲁棒的增强效果，该像素的概率被截断为 0。

$$\boldsymbol{\omega}(i)=\begin{cases}e^{\frac{-MAD_{\omega}(\mathbf{ref}_{\omega}^{i},\mathbf{tar}_{\omega}^{i})}{\delta_{\omega}}}, & MAD_{\omega}(\mathbf{ref}_{\omega}^{i},\mathbf{tar}_{\omega}^{i})<Th_{static}\\0, & MAD_{\omega}(\mathbf{ref}_{\omega}^{i},\mathbf{tar}_{\omega}^{i})\geqslant Th_{static}\end{cases} \tag{4.2}$$

其中，$\boldsymbol{\omega}(i)$ 是 $\boldsymbol{\omega}$ 的元素，即某深度序列帧内第 i 像素属于静止区域的概率。$\mathbf{ref}_{\omega}^{i}$和 $\mathbf{tar}_{\omega}^{i}$分别表示临近两帧以像素 i 为中心的局部窗口的像素值。$\boldsymbol{\omega}^{p}$在前一帧和当前帧之间计算，$\boldsymbol{\omega}^{n}$在后一帧和当前帧之间计算。Th_{static}和 δ_{ω} 是预设参数。

4.1.2 深度值可靠性计算

因为使用深度估计获得的深度图存在明显的噪声，所以深度值的可靠性必须要显式考虑，并在加权平均中对可靠深度值给予高权重。对每一个当前视点深度图中的像素，由于它在其他视点下的对应像素可以根据视差确定，则深度值的可靠性度量可以使用分别以这对像素为中心的局部窗口的 MAD 确定。为了克服遮挡问题，在有足够视点图像的情况下，该度量在左右两个邻近视点间计算并选择其中的最小的 MAD。与计算像素属于静止区域的概率类似，像素 i 深度值的可靠性也使用指数函数描述。具体计算公式由式（4.3）和（4.4）定义。

$$\boldsymbol{\beta}(i)=e^{\frac{-MAD^{i}}{\delta_{\beta}}} \tag{4.3}$$

$$MAD^{i}=\min(MAD(\mathbf{ref}_{\beta}^{i},\mathbf{left}_{\beta}^{i+d_i}),MAD(\mathbf{ref}_{\beta}^{i},\mathbf{right}_{\beta}^{i-d_i})) \tag{4.4}$$

其中，$\boldsymbol{\beta}(i)$ 是 $\boldsymbol{\beta}$ 的元素，即某个深度序列帧内第 i 个深度值的可靠性度量值。d_i 是像素 i 的视差。所以，当前视点图像下像素 i 在邻近左右视点图像中的对应像素位置分别是 $i+d_i$ 和 $i-d_i$。$\mathbf{ref}_{\beta}^{i}$ 表示当前视点图像中以像素 i 为中心的局部窗口。left 和 right 是相邻的左、右视点深度图像。δ_{β} 是预设参数。

4.1.3　局部窗口尺寸选择

因为像素属于静止区域概率的计算和深度值可靠性度量都是在局部窗口之间进行的，所以该窗口尺寸的自适应选择是必要的。在深度值可靠性度量中，在窗口内的像素的深度值应该相似，所以，窗口尺寸不能太大。然而，使用大窗口计算对噪声更鲁棒。提出的算法预先定义了一组窗口尺寸（9×9、7×7、5×5 和 3×3），并在其中自适应选择最佳尺寸。

算法首先选择最大的窗口尺寸，并计算当前窗口中深度值的方差 var。如果 var 较大，则表示当前窗口内深度值并不相似。在这种情况下，窗口尺寸被减小并重新计算窗口内深度值方差 var。该循环操作在所选窗口内深度值方差 var 小于预设值或已经选择最小尺寸时停止。

4.2　实验结果

本节包括四部分：（1）优化后深度图的时域一致性评价。（2）绘制的虚拟彩色视图的 PSNR。（3）优化后深度图的编码效率。（4）时域一致性的主观评价。本优化算法在“Akko”“Lovebird2”和“Newspaper”三个深度序列上测试，每个序列包含 5 个视点，且每个视点包含 100 帧。所有的初始深度序列均使用深度估计参考软件（DERS 5.0）估计。文献［59］（Fu）和所提算法（Pro）将对这些深度序列进行后处理优化。

4.2.1　时域一致性评价

时域一致性在图 4－2 标注静止区域中评价。在这些区域中，所有帧相同位置的深度值聚合在一起构成一个随机变量。独立计算这些变量的方差，并将所有方差的均值 ϕ 用作时域一致性评价的客观指标。

表 4－1 列出了两个视点的时域一致性评价结果。从表 4－1 可以看出，所提方法的 ϕ 值最小，由此证明了算法的有效性。

(a)

(b)

(c)

图 4-2　被标记的用于时域一致性评价的静止区域

注：(a) 序列 Akko 的静止区域，(b) 序列 Lovebird2 的静止区域，(c) 序列 Newspaper 的静止区域。

表 4-1　　静止区域的一致性评价

序列	DERS	Fu	Pro
Akko	27 视点：4.13783	27 视点：2.97219	27 视点：2.16260
	29 视点：4.23303	29 视点：2.88039	29 视点：2.18859
Lovebird2	8 视点：5.74500	8 视点：4.10575	8 视点：3.29371
	10 视点：1.02452	10 视点：0.32442	10 视点：0.02412
Newpaper	4 视点：2.68074	4 视点：1.50024	4 视点：1.49006
	6 视点：3.10664	6 视点：1.8965	6 视点：1.88509

4.2.2　绘制图像的 PSNR

为了进一步验证所提算法的有效性，本部分实验将对使用优化后深度序列绘制的虚拟图像的客观质量给出 PSNR 评价。表 4-2 列出了绘制的虚拟图像序列的平均 PSNR 值。从表中可以看出优化后深度图质量的提升。

表 4-2　　绘制虚拟视点序列平均 PSNR 比较

序列	DERS	Fu	Pro
Akko	33.70 dB	33.73 dB	33.75 dB
Lovebird2	31.65 dB	31.70 dB	31.72 dB
Newspaper	32.67 dB	32.69 dB	32.74 dB

4.2.3 编码效率评价

本部分实验将给出增强前后深度序列的编码码率（BR：bit rate），并列出使用对应解码深度序列绘制的虚拟视点序列的平均 PSNR 值。对测试序列“Akko”“Lovebird2”和“Newspaper”均使用三个不同的量化步长（QP）编码，即 22、27 和 32。表 4－3 展示了使用提出方法增强后的深度序列和由 DERS 估计的深度序列的编码性能比较。它表明增强后的深度图不仅显著地提升了编码效率，同时也提高了绘制图像的质量。

表 4－3 深度序列编码性能比较

序列	QP	BR－DERS	PSNR－DERS	BR－Pro	PSNR－Pro	∇BR	∇PSNR
Akko	22	762kbit/s	34.27dB	668kbit/s	34.36dB	－12.3%	+0.09dB
	27	428kbit/s	34.33dB	341kbit/s	34.39dB	－20.3%	+0.06dB
	32	227kbit/s	34.32dB	176kbit/s	34.40dB	－22.4%	+0.08dB
Lovebird2	22	1559kbit/s	31.57dB	1141kbit/s	31.65dB	－26.8%	+0.08dB
	27	858kbit/s	31.63dB	585kbit/s	31.69dB	－31.8%	+0.06dB
	32	433kbit/s	31.67dB	285kbit/s	31.74dB	－34.2%	+0.07dB
Newspaper	22	429kbit/s	32.57dB	354kbit/s	32.58dB	－17.5%	+0.01dB
	27	228kbit/s	32.62dB	191kbit/s	32.63dB	－16.2%	+0.01dB
	32	120kbit/s	32.64dB	102kbit/s	32.64dB	－15.0%	0dB

4.2.4 时域一致性增强的主观质量评价

由于提出的算法仅仅增强了深度序列静止区域的时域一致性，以抑制绘制虚拟视点图像序列中的闪烁现象，所以该绘制序列的平均 PSNR 增益并不明显。然而，时域一致性的提升可以在增强后的深度图序列中观察到。图 4－3 列举了多个连续的深度图序列帧。通过观察由黑色矩形框标记的区域的深度值变化验证深度序列时域一致性的增强。

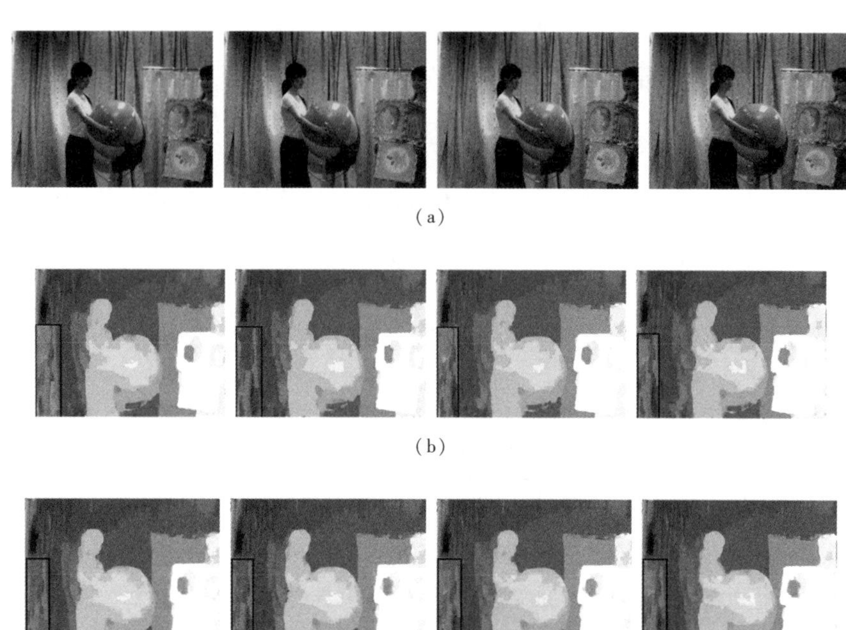

(a)

(b)

(c)

图 4-3　时域一致性主观评价

注：(a) 纹理视频的连续 4 帧，(b) DERS 估计的深度序列中对应的连续 4 帧，(c) 使用提出算法增强后的深度序列对应的连续 4 帧。

4.3 本章小结

本章提出一种针对估计的多视点深度序列时域一致性增强算法。它由自适应加权平均实现，其中的加权权重显式地结合了深度值的可靠性和图像区域的运动属性。实验结果表明，增强后的深度图序列可以显著提升编码效率。由于本算法仅仅对深度图序列静止区域的深度值进行修正以抑制绘制虚拟视点图像中的闪烁现象，所以对应的绘制序列的平均 PSNR 增益不明显。然而，主观评价证明了深度序列时域一致性的增强。

第5章　基于引导的马尔可夫随机场的RGB－D数据中深度图增强

5.1 引　言

主动式深度获取的深度图增强包含两个子问题，即深度图超分辨率重建和深度图修复。这两个深度图增强问题分别对应于ToF和基于结构光的深度传感器获取的深度图。深度图超分辨率重建旨在提升其空间分辨率，而深度图修复的目的是填充未感知到深度值的区域。它们非常相似并可以使用同一个模型定义[16,17]。

不使用外部训练数据的一类方法假设深度图边界和其配对的纹理图边界出现的位置具有一致性。该类方法又可以分为两个小类：基于滤波器的方法和基于全局优化的方法。

文献［5］提出的联合双边滤波器（JBU）框架是首个基于滤波器的深度图增强方法。低分辨率深度图边界在配对的高分辨率纹理图边界的引导下，使用双边滤波器技术增强。文献［18］提出了一个JBU方法的变种，将颜色和图像坐标构成联合空间以取代这两者的独立空间，并在该联合空间上通过计算测地距获取自适应加权平均的权重。文献［60］在预设的深度值标签下计算代价集合，并迭代优化深度图。该代价集合中的每一个元素都是在特定深度值标签下使用联合双边滤波器计算得到的。文献［19］提出一种用于深度图增强的图像引导滤波。它假设算法输出和匹配的引导图像之间的边界出现的位置是一致的，并将这两张图像的关系建模成线性以仿真该假设。文献［20］提出一种基于深度值标签的联合直方图的加权模式滤波器（WMF）方法。该算法在一范数最优的条件下增强深度图，其获取的结果相比于二范数最优的方法展示出对异常值的鲁棒性。文献［58］提出一种联合三边滤波器用于深度图增强。该滤波器与联合双边滤波器不同的是其引入了低分辨率深度图的局部梯度信息。与文献［58］不同，文献［61］提出的深度图超分辨率重建算法采用层次递进滤波过程充分利用了深度图的局部梯度信息。基于滤波器的算法复杂度较低，但由于它仅仅考虑局部信息所以其去噪能力有限。

与基于滤波器的算法比较，基于全局优化的方法对噪声更鲁棒。文献［4］将深度图超分辨率重建建模成马尔可夫随机场中的多标签优化问题。文献［62］在文献［4］的框架下设计了一个更加符合深度图统计特性的数据项。文献［63］通过在能量函数中引入空间和时域信息将静态马尔可夫随机场拓展为动态马尔可夫随机场。该模型提升了动态场景深度图超分辨率重建的准确性和稳定性。文献［17］将非局部约束正则项引入能量函数，并提出一个该项的自适应权重计算方法。该权重的计算由高分辨率纹理图中的边界、梯度和分割信息联合决定。文献［21］设计了一个二阶变分平滑性约束作为能量函数约束正则项，并使用由高分辨率纹理图中提取的各向异性张量引导深度图超分辨率重建。文献［16］基于自回归模型（AR）实现了深度图超分辨率重建。每个像素的自回归预测器由初始上采样的深度图的局部信息和与其配对的高分辨率纹理图的非局部相似性决定。文献［64］使用基于鲁棒的 M 估计器设计了约束正则项。它对在深度图超分辨率重建任务中深度图与配对的纹理图边界不一致的问题给出了隐式的解决方案。

5.2 引导性深度增强的挑战

理论上，低分辨率深度图边界质量可以使用配对的纹理图的边界信息作为引导提升。然而，深度图和配对纹理图的边界出现的位置并不总是一致的。来自配对纹理图不正确的引导信息会导致在增强的深度图中产生纹理拷贝赝像和模糊的深度图边界。纹理拷贝赝像产生的原因是平滑的深度图区域所对应的彩色图上有丰富的纹理信息。相反的，当具有边界的深度图区域对应着平滑的纹理图区域时，原有的深度图边界较易被模糊。请参阅1.1节所描述的边界不一致问题。

已有大量方法[15-17,65]期望通过平衡原始深度图和配对纹理图在深度图增强中的贡献以解决上述问题，但是它们均存在两个缺陷：(1) 它们没有显式评估深度图与配对纹理图的边界不一致性，因此，它们无法在深度增强任务中自适应调节配对纹理图引导信息的作用。(2) 马尔可夫随机场能量函数中的边界引导权重仅仅由单独计算的当前像素和它邻近像素在初始上采样深度图上的深度值差异和配对纹理图上的颜色值差异决定，这样的计算方法忽略了深度图的结构信息。

本章提出两种方法以解决上述问题，这些方法展现了渐进的增益效果。更具体地说，硬判决和软判决的边界不一致性度量方法是针对第一个缺陷提出的。所有提出的模块都被嵌入到马尔可夫随机场中。在随后的小结中将会给出详细的介绍。第6章将针对第二个缺陷提出解决的方法。

5.3　基于嵌入硬判决边界不一致性评估的引导性深度图上采样

为了评估低分辨率深度图和配对高分辨率纹理图的边界不一致性，有几个问题需要先解释。

(1) 评估深度边界图和纹理边界图的一致性，要求这两张边界图的分辨率一致。在这种情况下，在边界检测之前，要先使用规则或不规则插值方法将低分辨率或者有空洞的深度图填充到与高分辨率纹理图相同的分辨率。

(2) 由于在二值边界图像中，深度边界图和配对的纹理边界图展示出较强的结构相似性，提出的算法将评估深度二值边界图和配对纹理二值边界图的一致性。

Canny算子[66]被用于在初始填充的深度图和配对的高质量纹理图上提取二值边界。由于初始获取的深度图分辨率较低且存在噪声，深度图上的边界往往会偏离其真实位置。因此，与配对的纹理图边界比较，不一致的深度边界被分为两类：（1）由于粗糙的插值或固有噪声导致的深度图边界位置偏移，但是该类偏移可以通过高质量纹理图边界的引导修复。（2）小结 1.1 所描述的边界不一致。一种最直接的解决方法是使用硬判决将所有边界像素分成上述两类，然后分开处理。受到纠错编码中错误必须小于纠错能力的启发，本节提出的算法假定如果深度边界像素的偏移是由于粗糙插值或固有噪声引起的，则该深度边界像素与其最近的纹理边界像素的距离应小于预设门限。否则，该偏移是由本质的边界不一致性产生的。

5.3.1 马尔可夫随机场能量函数构建

根据 Hammersely - Clifford 理论，提出的基于马尔可夫随机场的深度图超分辨率重建方法的能量函数构建如式（5.1）所示：

$$\begin{aligned}\mathbf{D}^* &= \arg\min_{d_p \in D} \sum_{o_p \in O} \lambda_b^p E_{data}(d_p, o_p) + \lambda \sum_p \sum_{q \in N_p} \lambda_s^{pq} E_{reg}(d_p, d_q) \\ E_{data}(d_p, o_p) &= |d_p - o_p| \\ E_{reg}(d_p, d_q) &= |d_p - d_q| \end{aligned} \tag{5.1}$$

其中，**D** 表示深度图，**O** 是深度观测值集合。p，q 是增强后的深度图的像素。像素 p 的深度观测值是 o_p。$\mathbf{N}_p$是像素 p 的四连通领域。E_{dara}表示数据项，该项旨在描述增强后的深度值与观测值之间的兼容性约束。E_{reg}是先验正则项，它用于惩罚相邻像素深度值的不一致性。使用该项约束获取的深度图将呈现平滑特性。λ 是用来平衡数据项和先验正则项的。λ_b^p 表示深度观测值 o_p 的置信度。λ_s^{pq} 是像素对 p，q 间的各向异性系数，它由本节提出的硬判决的深度图和配对纹理图边界不一致性评估算法确定。后面的内容将分别介绍 λ_b^p 和 λ_s^{pq}。这个优化问题由图割算法[29]求解。

5.3.1.1 异常值检测

因为低质量深度图边界像素处于不同深度层之间，所以它们的观测深度值不可靠。在构造能量函数数据项时，这些观测值应该被剔除。本节算法采用Canny算子提取低分辨率深度图的边界。λ_b^p是一个二值变量，当像素p是边界点时被设置为0，反之，其被设置为1。

5.3.1.2　各向异性权重计算

对每一个像素p的邻域像素q，像素对p，q间的各向异性系数λ_s^{pq}由λ_s^p和λ_s^q决定。下面将首先以λ_s^p为例做简要说明。

（1）如果像素p同时落在纹理图和初始插值后的深度图的边界或平滑区域，则表明深度图和纹理图在像素p附近的值的分布比较一致。则λ_s^p使用在联合双边滤波器中定义的权重函数决定纹理图的引导信息的作用大小。在本节以后内容中，λ_s^p的此种设置被称为“Guided by color（颜色引导）”。

（2）如果像素p落在彩色图边界但是没有处在初始插值后的深度图边界上时，算法在该深度图上定义了一个搜索窗口。如果在该搜索窗口内存在边界，则λ_s^p仍可以被标记为“Guided by color”。否则，此种情况被认为是由真正的深度图和纹理图边界不一致引起的。因为像素p处于深度图的平滑区域，λ_s^p必须被赋予较大值以抑制邻近像素被赋予不同的深度值。此时，λ_s^p被标记为“Smooth region（平滑区域）”。

（3）如果像素p落在初始插值后的深度图边界但是没有处于纹理图边界上时，算法在该纹理图上定义了一个搜索窗口。如果在该搜索窗口内存在边界，则λ_s^p仍可以被标记为“Guided by color”。否则，此种情况被认为是由真正的深度图和纹理图边界不一致引起的。因为像素p处于深度图的边界区域，λ_s^p必须被赋予较小值以鼓励邻近像素的深度值调变。此时，λ_s^p被标记为“Near edges（邻近边缘）”。

基于以上分析，λ_s^p和λ_s^q的具体定义如式（5.2）所示：

$$\underset{*\in\{p,q\}}{\lambda_s^*}=\begin{cases}e^{-\frac{\nabla \mathbf{I}_{pq}^2}{\delta^2}}, & \text{Guided by color}\\ e^{-\frac{\nabla \mathbf{I}_{small}^2}{\delta^2}}, & \text{Smooth region}\\ e^{-\frac{\nabla \mathbf{I}_{large}^2}{\delta^2}}, & \text{Near edges}\end{cases} \tag{5.2}$$

其中，$\nabla \mathbf{I}_{pq}$表示像素对p，q的亮度差。在提出的方法中，$\nabla_{small}=1$，$\nabla_{large}=254$。由于像素p，q在像素对中的对称性，λ_s^{pq}由λ_s^p和λ_s^q决定。事

实上，如果 λ_s^p 等于 λ_s^q，则 λ_s^{pq} 的值的选择将没有歧义。此外，根据上述三个标记的定义，如果 λ_s^p 被标记为“Smooth region”，λ_s^q 不可能被标记为“Near edges”，反之亦然。在剩下的取值组合中，如果 λ_s^p 被标记为“Guided by color”而 λ_s^q 被标记为其他值时，则像素 q 处于深度图或纹理图边界附近。因此，λ_s^{pq} 应该由 λ_s^q 决定。所有可能取值组合列于表 5－1，其中 λ_s^p 和 λ_s^q 的取值分别在表中的第一列和第一行。在特定的 λ_s^p 和 λ_s^q 的取值下，表中显示了对应的 λ_s^{pq} 值。

表 5－1　λ_s^{pq} 取值表

λ_s^p \ λ_s^q	Guided by color	Near edges	Smooth region
Guided by color	Guided by color	Near edges	Smooth region
Near edges	Near edges	Near edges	N/A
Smooth region	Smooth region	N/A	Smooth region

5.3.2　实验结果

本实验部分使用 Middlebury RGB－D 图像对[67]测试本节算法的性能。低分辨深度图由真实深度图在四种不同尺度（2×，4×，8×和 16×）下采样生成。本节提出的方法（Pro－Hard）将与双三次插值（Bicubic）、基于原始马尔可夫随机场的方法（OMRF）[4]、联合双边滤波器（JBU）[5]、三维联合双边滤波器（JBUV）[60]、图像引导滤波器（Guided）[19]和广义变分差总和（TGV）[21]做比较。

由 MAD（绝对差均值）客观评价的深度图超分辨率重建结果列在表 5－2 和表 5－3。总体来说，提出的算法在小的上采样尺度下的效果还是令人满意的。然而，在大的上采样尺度下，本算法的结果不够鲁棒。随着上采样尺度的增大，硬判决的边界不一致性评估的缺陷表现得越来越明显。

表 5－2　Middlebury 数据集上的图像对 “Art” “Book” 和 “Moebius” 无噪深度图超分辨率重建客观结果比较（MAD）

方法＼图像对	Art				Book				Moebius			
	2 ×	4 ×	8 ×	16 ×	2 ×	4 ×	8 ×	16 ×	2 ×	4 ×	8 ×	16 ×
Bicubic	0.48	0.97	1.85	3.59	**0.13**	0.29	0.59	1.15	**0.13**	0.30	0.59	1.13
OMRF	0.59	0.96	1.89	3.78	0.21	0.33	0.61	1.20	0.24	0.36	0.65	1.25
JBUV	0.55	0.68	1.44	3.52	0.29	0.44	0.62	1.45	0.38	0.46	0.67	1.10
JBU	0.45	0.85	1.68	3.35	0.17	0.36	0.74	1.56	0.18	0.37	0.76	1.46
Guided	0.63	1.01	1.70	3.46	0.22	0.35	0.58	1.14	0.23	0.37	0.59	1.16
TGV	0.45	0.65	1.17	2.30	0.18	0.27	**0.42**	**0.82**	0.18	0.29	**0.49**	**0.90**
MLS	**0.27**	0.68	1.04	**2.20**	0.16	**0.26**	0.48	1.16	0.15	**0.25**	**0.49**	0.93
Pro－Hard	0.40	**0.56**	**1.03**	2.38	0.14	0.27	0.48	0.92	0.15	0.30	0.62	1.20

表 5－3　Middlebury 数据集上的图像对 “Reindeer” “Laundry” 和 “Dolls” 无噪深度图超分辨率重建客观结果比较（MAD）

方法＼图像对	Reindeer				Laundry				Dolls			
	2 ×	4 ×	8 ×	16 ×	2 ×	4 ×	8 ×	16 ×	2 ×	4 ×	8 ×	16 ×
Bicubic	0.30	0.55	0.99	1.88	0.28	0.54	1.04	1.95	0.20	0.36	0.66	1.18
JBU	0.27	0.50	1.00	1.89	0.26	0.49	0.94	1.95	0.20	0.38	0.74	1.46
Guided	0.42	0.53	0.88	1.80	0.38	0.52	0.95	1.90	0.28	0.35	**0.56**	1.13
TGV	0.32	0.49	1.03	3.05	0.31	0.55	1.22	3.37	0.21	**0.33**	0.70	2.20
MLS	0.32	0.64	**0.74**	**1.43**	0.23	**0.39**	**0.81**	**1.53**	0.24	0.36	0.61	**0.98**
Pro－Hard	**0.21**	**0.40**	**0.74**	1.50	**0.21**	0.47	0.90	2.02	**0.18**	0.37	0.72	1.44

5.3.3　结论

本节提出一种基于硬判决边界不一致性评价的深度图超分辨率重建算法。尽管在小的采样尺度下该算法的实验结果还是令人满意的，但是随着该尺度的增大，算法性能越来越不鲁棒。原因是当初始插值的深度图的质量较低时，硬判决的边界不一致性度量的误差比较大。

5.4 基于嵌入软判决边界不一致性评估的引导性深度图增强

针对硬判决的边界不一致性评价算法的缺陷，本节提出一种软判决的边界不一致性评价算法。它是用［0，1］之间的浮点数更准确地描述了深度图边界和对应的纹理图边界不一致的程度。该边界不一致评价被嵌入到马尔可夫随机场中。与前一节的方法相比，本节算法的结果能有效抑制纹理拷贝赝像的产生和保持深度边界。

5.4.1 改进马尔可夫随机场能量函数

由于使用图割算法求解多标签优化问题时无法保证得到全局极值，而且深度值往往是用物理单位记录的连续浮点数，例如 ToF - Mark[21]库中的深度数值，所以本节使用连续变量构建马尔可夫随机场。为了简化最优化问题的求解过程，设计的能量函数如式（5.3）所示：

$$\mathbf{D}^* = \arg\min_{d_p \in \mathbf{D}} \sum_{o_p \in O} E_{data}(d_p, o_p) + \lambda \sum_{p} \sum_{q \in N_p} \lambda_s^{pq} E_{reg}(d_p, d_q) \tag{5.3}$$

其中，λ_s^{pq} 是基于软判决的边界不一致性度量计算的。

本节设计的能量函数和前一节的能量函数的区别主要在两个方面：(1) 由于假设低质量深度图中的噪声是高斯加性噪声，所以在本节中为了获得更好的去噪能力，数据项和先验正则项都使用平方函数取代前一节的绝对值函数定义。(2) 基于前述硬判决的边界不一致性度量的缺陷，本节先验正则项的系数使用软判决的边界不一致性度量方法。

5.4.2 软判决的边界不一致性度量

受到文献［68］的启发，深度边界图和纹理边界图之间的不一致性度量可以建模成双向边界图质量评价。然而，在文献［68］中，边界图质量评价是基于每个边界像素与其在真实深度图上位置的偏移计算的。但这与深度边界图和纹理边界图的不一致性度量问题是不相同的。在引导性深度图增强任务中，本应该在相同图像坐标出现的深度图边界像素与其配对的纹理边界像素往往不会严格对齐，形式上表现为一个小的偏移。该偏移产生的原因是如前所述的简单插值或者深度传感器中的噪声。所以，现有的边界图质量评价算法中通过比较配对边界像素的位置差异来评估深度图边界和纹理图边界的不一致性是不合理的[68,69]。本节提出的边界不一致性度量方法是基于边界图之间的结构相似性。它综合考虑了边界图的局部和全局的结构信息。为了便于叙述，下面将使用参考边界图和目标边界图的方式阐述提出的软判决边界不一致性度量方法。参考边界图和目标边界图的含义将在本部分末尾给出。

如果纹理边界和深度边界是一致的，则配对的边界像素之间的偏移将在一个小的区间中。基于这个假设，设计的软判决边界不一致性度量方法将为参考边界图上的每一个边界像素在以目标边界图中相同位置像素为中心的局部窗口内寻找最优配对边界像素点。此外，参考边界图上邻近边界像素与其匹配边界像素的位置偏移的方向和强度应该是相似的。以上两个约束可以建模成马尔可夫随机场，如式（5.4）所示。数据项代表局部结构信息，先验正则项隐含全局结构信息。所以，边界不一致性评价对低质量深度图中的噪声不敏感。需要指出的是，该马尔可夫随机场旨在对边界不一致性度量建模而非对深度图增强建模。

$$\mathbf{L}^{*} = \arg\min_{l \in \mathbf{L}} \sum_{p \in \mathbf{ref}} C(p, p + l_p) + \mu \sum_{p \in \mathbf{ref}} \sum_{q \in \mathbf{N_p}} V(l_p, l_q) \tag{5.4}$$

其中，C 和 V 分别代表能量函数的数据项和先验正则项。μ 是平衡数据项和先验正则项的预设参数，它被设置为 0.1。p 是参考边界图 **ref** 中的一个边界像素位置。$\mathbf{N}_p$是像素 p 的 8 连通邻域。l_p 是 **L** 的元素，它代表对应于像素 p 的偏移。因此，$p+l_p$ 是参考边界图中的像素 p 在目标边界图中的对应像素 k 的位置。由于通过插值获得的亚像素的值是不准确的，所以，本算法将在参考边界图和目标边界图的现有边界像素之间匹配。也就是说，**L** 具有整数像素精度，且式（5.4）定义了一个离散马尔可夫随机场优化问题。在所有实验中，搜索窗的尺寸决定了标签 l_p 的范围。对于 2×、4×、8×和 16×的上采样尺度，搜索窗的尺寸被分别设置为 5×5、7×7、

9×9、11×11。而在深度图修复实验中，该窗口尺寸被固定为7×7。数据项C(p，k）是参考边界像素p与目标边界像素k的匹配代价。给定像素p，如果对应的目标边界图上像素k不是边界像素点，它表示在当前标签l_p下，该像素匹配对是完全不一致的。在这种情况下，C(p，k）被赋予最大不一致值（本算法中是1)。否则，边界不一致性测量将在以边界像素p和k为中心的两个局部窗口中进行。本算法采用3×3的局部窗口尺寸。该局部窗口匹配问题由最小加权二分图匹配[70]解决。它比非结构化绝对差均值(MAD）匹配准则更鲁棒。事实上，最小加权二分图匹配是基于结构相似性的算法，而MAD仅仅独立考虑每个像素对的像素值差异。在一个加权二分图中，每条图的边有一个权重。任意二分图匹配策略的代价由连接匹配端点的边界的权重之和确定。最小二分图匹配旨在寻找所有可能的匹配策略中代价最小者。在边界不一致性测量问题中，二分图的匹配质量由两个局部窗口内匹配边界点之间（不包括中心像素）的位置偏移和它们的边界像素点数量的差异决定。图5-1展示了加权二分图匹配相比于MAD的优势。在图5-1所示的三个局部匹配窗口中，白色像素和黑色像素分别代表边界像素和非边界像素。当使用MAD时，目标窗口（b）和（c）与参考窗口（a）的匹配质量是相同的。然而，从局部结构来看，目标窗口(b）更接近于参考窗口（a)。该结构相似性可以成功地被加权二分图匹配考虑。基于上述分析，数据项C（p，k）如式（5.5）所示：

$$C(p,k)=\begin{cases}1(\text{definitly inconsistency}), & \text{if } k\notin \text{edge pixels}\\ BM(\mathbf{R_p},\mathbf{R_k},\mathbf{E},\mathbf{W}), & \text{otherwise}\end{cases} \tag{5.5}$$

其中，BM代表最小加权二分图匹配[70]。二分图$\mathbf{G}$（$\mathbf{R_p}$，$\mathbf{R_k}$，$\mathbf{E}$，$\mathbf{W}$）定义如下：$\mathbf{R_p}$和$\mathbf{R_k}$是端点。$\mathbf{E}$是连接端点的图的边。$\mathbf{W}$是$\mathbf{E}$中所有边的权重。特别的，本问题中，$\mathbf{R_p}=\{ep_1,ep_2,\cdots,ep_m\}$和$\mathbf{R_k}=\{ek_1,ek_2,\cdots,ek_m\}$代表以p和k为中心像素的局部窗口中的边界像素集合。m和n分别是上述两个集合的基数。因此，边界像素p和k之间的不一致性测量被建模成集合$\mathbf{R}_p$和$\mathbf{R}_k$间的匹配问题。此外，每个边界像素与其真实匹配边界的像素的距离被认为不应过大。该假设体现了局部结构信息。所以，$\mathbf{W}$的每一个元素使用单调函数$\phi(ep_i，ek_j)$定义，该函数使用一个正数描述局部结构匹配的质量。

（a）参考窗口　　（b）目标窗口 1　　（c）目标窗口 2

图 5－1　加权二分图匹配的优势

$$\phi(ep_i, ep_j) = f(|ep_i^x - ek_j^x| + |ep_i^y - ek_j^y|) \qquad (5.6)$$

其中，f(0)＝0，f(1)＝1，f(2)＝1.6 和 f(x)＝2，if x＞2。ep_i^x 和 ep_i^y 分别表示边界像素 ep_i 的图像二维坐标。

最小加权二分图匹配[70]旨在寻找上述边界像素集合之间的一一对应关系。也就是说，它确保在 $\mathbf{R_p}/\mathbf{R_k}$中的任意一个边界像素将在 $\mathbf{R_k}/\mathbf{R_p}$中至多找到一个匹配像素。由于 $\mathbf{R_p}$ 和 $\mathbf{R_k}$ 的基数不一致，该一一对应会使$|m-n|$个像素找不到任何匹配。图 5－2 给出了最小加权二分图匹配的图解。事实上，集合 $\mathbf{R_p}$ 和 $\mathbf{R_k}$之间基数的不一致也反映了结构信息的不同。此外，为了有效减弱在有噪深度图上的边界检测的错误带来的影响，没有匹配的边界像素的数量也应该被考虑。当 $\mathbf{R_p}$和 $\mathbf{R_k}$基数有较大差距时，本算法认为该边界可能由于噪声引起或该匹配不可靠。因此，反映该差异的较大的误差项应该加到这个匹配的代价中。为了综合考虑上述问题，式（5.5）中的边界不一致性测量项 BM($\mathbf{R_p}$，$\mathbf{R_k}$，$\mathbf{E}$，$\mathbf{W}$）由式（5.7）定义。

$$BM(\mathbf{R_p}, \mathbf{R_k}, \mathbf{E}, \mathbf{W}) = \left(\sum_{(mp_s, mk_s) \in R'_{pk}} \phi(mp_s, mk_s)/2 + |m-n| \right) / 8 \qquad (5.7)$$

其中，$R'_{pk} = \{(mp_1, mk_1), (mp_2, mk_2) \cdots (mp_r, mk_r)\}$ 是由最小加权二分图匹配确定的边界像素对集合。$\phi(mp_s, mk_s)$，$s \in \{1, 2, \cdots, r\}$ 是连接边界像素 mp_s 和 mk_s 的边的权重。因此，$\sum_{(mp_s, mk_s) \in R'_{pk}} \phi(mp_s, mk_s)$ 是上述最小加权二分图匹配的代价。为了将数据项限定至［0，1］，式（5.7）对代价做了归一化处理。

$V(l_p, l_q)$ 是式（5.4）的先验正则项，它对邻近像素分配不同偏移给予如下惩罚：

$$V\underset{q \in \mathbf{N_p}}{(l_p, l_q)} = \begin{cases} 0, & \text{if } l_p = l_q \\ 1, & \text{otherwise} \end{cases} \tag{5.8}$$

其中，l_p 和式（5.4）的意义相同，代表边界像素 p 的偏移矢量。

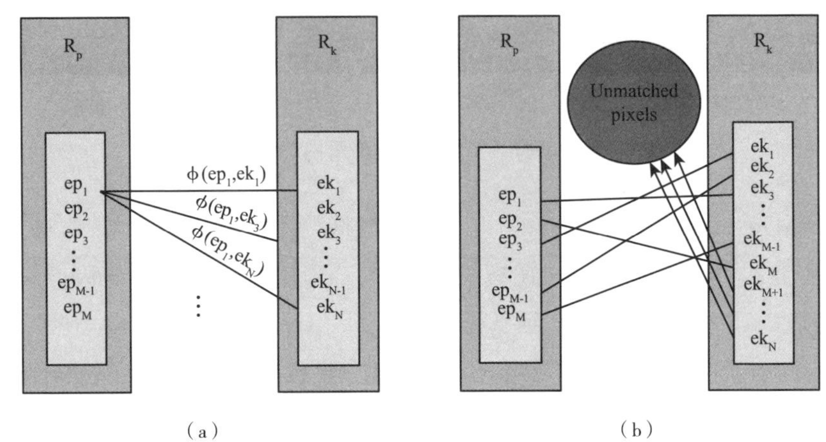

图 5－2　最小加权二分图匹配

注：（a）加权二分图的构造，（b）最小加权二分图匹配结果，其中加粗元素是未匹配像素。

一旦式（5.4）中的数据项和先验正则项构造完成（见式（5.5）和式（5.8）），图割算法[29]被用于求解该多标签马尔可夫随机场优化问题。随后，通过使用获得的边界像素 p 的最优像素偏移 $l_p^* \in \mathbf{L}^*$，其对应的数据项 C(p,k) 即是该像素的边界不一致性度量值。参考边界图中所有边界像素的不一致性度量值 $C(p, p+l_p^*)$ 构成一个边界不一致测量图 $\mathbf{C}_{\mathbf{ref}}$。如果某个边界像素没有成功匹配，则它的偏移矢量 l 没有意义。其相应的边界不一致性测量值被设为最大值（在本算法中，该值是 1）。

因为边界不一致性测量是在参考边界图和目标边界图之间估计的，所以，交换这两张图的位置，结果将不同。在评价纹理图和深度图边界的不一致性任务中，参考边界图和目标边界图即在纹理边界图和深度边界图中选取。当纹理边界图被当作参考边界图时，边界不一致性测量结果中将更多地体现纹理拷贝赝像发生的区域。相反，当深度边界图被当作参考边界图时，边界不一致性测量结果中将更倾向于显示深度图模糊边界的出现区域。图 5－3 给出了使用假彩色描述的 Middlebury 图像对 “Art” 的双向边界不一致性度量的结果。在图 5－3（c）和 5－3（d）中，边界像素的颜色值代表参考边界图和目标边界图之间边界不一致性的强度。根据图 5－3（e）所示的颜色表，最左边代表边界最一致。相反地，最右边表示边界最不一致。

（a）　（b）　（c）　（d）　（e）

图 5－3　MiddleburyRGB－D 图像对 “Art” 的双向边界不一致性测量结果

注：（a）纹理边界图，（b）深度边界图，（c）当纹理边界图是参考边界图时的边界不一致性测量结果，（d）当深度边界图是参考边界图时的边界不一致性测量结果，（e）指示颜色表（最左边表示边界最一致，最右边表示边界最不一致），图（c）（d）中非边界像素的颜色值没有意义，并且不使用颜色表（e）中的颜色表示。

经过双向边界不一致测量，本算法将获得两个边界不一致测量图：$\mathbf{C}_{\mathbf{color}}$（纹理边界图是参考边界图）和 $\mathbf{C}_{\mathbf{depth}}$（深度边界图是参考边界图）和两个对应的偏移集合：$\mathbf{L}_{\mathbf{color}}$和 $\mathbf{L}_{\mathbf{depth}}$。在将该边界不一致测量结果嵌入马尔可夫随机场之前，$\mathbf{C}_{\mathbf{color}}$和 $\mathbf{C}_{\mathbf{depth}}$需要进行配准。

如前所述，初始插值后的深度图边界像素的位置不可靠。相反，高质量纹理图的边界像素位置比较准确。通过使用以深度边界图为参考边界图的式（5.4）定义的马尔可夫随机场优化问题的解 $\mathbf{L}_{\text{depth}}$，深度图上任意边界像素 p 和其在纹理图上的匹配的边界像素 k 的位置偏移是 $\mathbf{L}_{\text{depth}}(p)$。因此，当 $\mathbf{C}_{\text{depth}}(p)\neq 1$ 时，深度边界像素的真实的图像坐标应该接近于 $p+\mathbf{L}_{\text{depth}}(p)$。对于边界完全不一致的情况（$\mathbf{C}_{\text{depth}}(p)=1$），由于在纹理边界图上没有找到匹配像素，所以深度边界图上边界像素 p 的位置保持不变。此外，由于获取的像素偏移值的不确定性，多个深度边界像素 p 有可能对应于同一个纹理边界像素 p′。在这种情况下，具有最小代价值的像素位置的边界不一致测量值被更新。本算法定义配准后的不一致性图 $\mathbf{C}'_{\text{depth}}$ 如下：

$$
\begin{aligned}
&\mathbf{C}'_{\text{depth}}(p')=\min_{p\in\{p\mid p'=p+\mathbf{L}_{\text{depth}}(p)\}}\mathbf{C}_{\mathbf{depth}}(p), &&\text{if } \mathbf{C}_{\mathbf{depth}}(p)\neq 1\\
&\mathbf{C}'_{\text{depth}}(p)=\mathbf{C}_{\text{depth}}(p), &&\text{otherwise}
\end{aligned}
\tag{5.9}
$$

上述 $\mathbf{C}'_{\mathbf{depth}}$和 $\mathbf{C}_{\mathbf{color}}$配准后，式（5.10）给出了综合考虑双向边界不一致性测量信息的置信图的定义。它包含所有纹理图和边界图边界像素的最终的边界不一致性测量值。

$$
\boldsymbol{\alpha}=\max(\mathbf{C}'_{\mathbf{depth}},\mathbf{C}_{\mathbf{color}}) \tag{5.10}
$$

在下一节中，为了提升基于引导的深度图增强算法性能，该置信图被嵌入马尔可夫随机场以自适应调整纹理图在深度图增强任务中的引导作用。

5.4.3 嵌入边界不一致测量的马尔可夫随机场

总的来说，深度图增强任务中的引导信息主要有两处来源：一个来自匹配的纹理图，另一个是原始深度图自身。基于式（5.10）定义的置信图 α，提出的算法将上述两类引导信息融合，并使用融合后的引导信息计算各向异性系数 λ_s^{pq}。

$$\lambda_s^{pq} = e^{\frac{-\left(\left|\nabla_c^{pq}\right|(1-\alpha_{pq})+\left|\nabla_d^{pq}\right|\alpha_{pq}\right)^2}{2\delta^2}} \tag{5.11}$$

其中，∇_c^{pq}和∇_d^{pq}分别表示在像素 p 和其邻域像素 q 在纹理图和初始插值的深度图上的颜色值差异和深度值差异。δ 控制指数函数的带宽。为了计算鲁棒的像素对 p，q 的边界不一致性评价值 α_{pq}，本算法选择像素 p 和 q 的边界不一致性评估值 **α**(p)，**α**(q) 的较差者定义 α_{pq}，即 $\alpha_{pq} = \max(\boldsymbol{\alpha}(p), \boldsymbol{\alpha}(q))$。由于 Canny 边界算子提取的边界是单像素宽度的，所以上述 α_{pq}的定义可以有效避免纹理拷贝赝像的产生，同时起到保护深度图边界的作用。具体地说，如果像素对 p，q 同时处于纹理图和深度图邻近边界区域，α_{pq}更倾向于取 0 值。同时，∇_c^{pq}在计算各向异性系数 λ_s^{pq} 时将占有更大权重。此时，配对纹理图的高质量边界信息的引导将有助于在重建的深度图中恢复高质量深度图边界。相反地，当像素对 p，q 处于纹理图或者深度图两者之一的邻近边界区域时，α_{pq}更倾向于 1。则∇_d^{pq}将是主要的引导信息来源。在这两种情况下，引导性深度图增强将退化为单图像增强。事实上，为了获取更准确的深度图，可以使用一些单深度图增强算法以生成更准确的初始插值深度图。然而，当上采样的尺度较小时，算法总体性能提升并不明显。另一方面，在上采样尺度较大的情况下（8×，16×），单深度图增强算法无法获得准确的边界。因此，考虑到算法的复杂度和比较的公平性，本算法在所有实验中使用初始插值的深度图作为引导源。使用∇_d^{pq}有两方面的优势：一方面，纹理拷贝赝像被有效抑制；另一方面，来自初始插值的深度图的引导将比来自纹理图错误的引导更合理。

以上的分析来自对邻近边界区域的分析。然而，对于像素对 p，q 同时处于深度图和纹理图平滑区域（即该区域在深度图和纹理图上均没有边界像素）的情况，式（5.11）无法使用。因为在没有边界像素的局部区域，没有像素具有有效的边界不一致性评价值。在本算法中，提出式（5.12）用于此种特殊情况。它仅仅使用初始插值的深度图作为引导信息以更好地抑制纹理拷贝赝像。

$$\lambda_s^{pq} = e^{\frac{-(\nabla_d^{pq})^2}{2\delta^2}} \tag{5.12}$$

基于以上分析，本算法通过自适应控制纹理图的引导作用可以在重建深度图中有效的抑制纹理拷贝赝像和保持深度图边界。

此外，在邻近深度图边界区域，δ 应该被赋予小值以保护边界。相反地，为了克服平滑区域的噪声，δ应该选择足够大的值。基于深度边界图确定的深度图平滑区和非平滑区，本算法为它们分别设置不同的δ值。具体地说，如果在深度边界图上以像素p和q为中心的局部窗口中没有边界，则该像素对处于平滑区域。否则，它们处在非平滑区域。在提出的算法中，δ在非平滑区（式（5.11））和平滑区（式（5.12））被分别预设为2和4。

5.4.4 算法复杂度分析

在边界不一致性测量阶段，多标签图割问题分解为多个双标签图割子问题并使用α-扩展方法求解。双标签图割算法的复杂度最大是$O(MN^2|C|)$。其中，M和N分别是图中边和节点（参考边界图中边界像素点）的个数。$|C|$是最小割的代价（即所有移除图的边使得图中源点和汇点不具有通路的方案中，被移除边的权值之和最小者[71]）。因此，多标签图割算法的复杂度最大是$O(LMN^2|C|)$[29]。其中，L是标签的个数。此外，被用于求解最小二分图匹配的Hungarian算法[70]的计算复杂度是$O(V^2E)$。其中，V和E分别代表二分图中的节点（两个待匹配图像局部窗口中的边界像素）和边的个数。

5.4.5 实验结果

本节实验环境是一台PC电脑（i7 2.60GHz，12GRAM）。使用未优化的Matlab实现的代码（Graph Cut使用C代码实现）在16×上采样尺度下，需要耗费平均115.39秒将原始低分辨率深度图上采样至1376×1088。表5-4列出了算法每部分的运行时间。

表5-4　本算法的平均运行时间比较（16×）

平均运行时间	双向边界不一致测量	马尔可夫随机场优化	总共
单位：秒	69.72s	45.67s	115.39s

实验共分为三个部分：第一部分是在Middlebury RGB-D仿真数据集[67]上测试本算法的性能。其真实深度图被通过多种方式下采样以生成低

质量深度图。该部分将展示本算法与现有的先进方法的实验效果比较。为了验证本算法在实际应用中的鲁棒性，第二部分将在真实场景数据集（ToF-Mark数据集[21]和NYU数据集[72]）上测试本算法获得高质量深度图的能力。第三部分将在下采样和随机数据丢失同时作用于深度图的情况下，验证本算法的深度图增强能力。

关于式（5.3）中λ的设置可以从上采样尺度和低分辨率深度图上的噪声强度这两方面入手进行理论分析。一方面，λ应该随着上采样尺度的增大而减小。较大的上采样尺度将导致具有初始观测深度值的像素数较少，所以马尔可夫随机场中的数据项的贡献较小。为了平衡该数据项和先验正则项，λ应该被减小以提升贡献较小的数据项在能量函数中的相对作用。另一方面，当低质量深度图中的噪声强度较大时，增大λ值有助于提升先验正则项的作用以增强算法去噪能力。此外，当使用最邻近插值方法下采样获取的低分辨率深度图中没有明显噪声时，上采样尺度对λ的影响很小。也就是说，当深度图中噪声较弱时，不同上采样尺度下的最优λ值比较接近。通过参数交叉检验过程，本算法在所有无噪的Middlebury数据集上做的深度图上采样实验中，固定λ值为0.01。而对于有噪深度图上采样实验，λ和上采样尺度之间的关系如式（5.13）所示：

$$\lambda = \frac{\kappa}{\text{factor}}, \ \text{if factor} > 1 \tag{5.13}$$

其中，κ是预设参数，它在所有深度图超分辨率重建实验中被设置为3.2。factor是上采样的尺度。此外，λ在所有深度图修复实验中被固定为5。

5.4.5.1 仿真场景数据集上的实验结果

在本节中，来自Middlebury的六个RGB-D图像对（“Art”“Book”“Moebius”“Reindeer”“Laundry”和“Dolls”）被用于实验结果评价。采用三种不同类型的退化方法从真实深度图中生成低质量深度图：（1）下采样；（2）下采样并加噪声；（3）结构错误和随机数据丢失。

（1）下采样退化。本算法（Pro-Soft）将与十二种其他现有方法作比较，它们是：双三次插值（Bicubic）、原始基于马尔可夫随机场的方法（OMRF）[4]、联合双边滤波器（JBU）[5]、基于提出的λ_s^{pq}的改进联合双边滤波器（IMJBU）、迭代三维联合双边滤波器（JBUV）[60]、引导滤波器

(Guided)[19]、边界加权的非局部均值先验正则（NLMR）[17]、联合测地距滤波器（JGF）[18]、广义变分差总和（TGV）[21]、滑动最小均方差滤波器（MLS）[73]、自回归模型（AR）[16]和5.3节提出的嵌入硬判决的边界不一致性测量的方法（Pro - Hard）。此外，原始基于马尔可夫随机场的方法（OMRF）[4]和迭代三维联合双边滤波器（JBUV）[60]没有报告它们在“Reindeer”“Laundry”“Dolls” RGB - D图像对上的实验结果。

表5 - 5和表5 - 6列出了在四个不同上采样尺度下的实验结果。其中，最优值和次优值被分别加粗和加下划线突出。从表中可以看出，本方法在大部分情况下的MAD评价最低。在16×上采样尺度下，初始插值的深度图由于引入了较多噪声导致影响了深度边界图的质量。然而，本算法的实验结果仍然在六个RGB - D图像对中获得两个最优、两个次优。剩下的图像对中，本算法结果位列前三。所以，本算法对初始深度边界图的质量不敏感。改进的联合双边滤波器（IMJBU）提升了原滤波器的性能。但总体性能仍弱于全局优化方法，如AR[16]和TGV[21]。

表5 - 5　Middlebury数据集上的图像对“Art”“Book”和“Moebius”无噪深度图超分辨率重建客观结果比较（MAD）

方法 \ 图像对	Art				Book				Moebius			
	2×	4×	8×	16×	2×	4×	8×	16×	2×	4×	8×	16×
Bicubic	0.48	0.97	1.85	3.59	0.13	0.29	0.59	1.15	0.13	0.30	0.59	1.13
OMRF	0.59	0.96	1.89	3.78	0.21	0.33	0.61	1.20	0.24	0.36	0.65	1.25
JBUV	0.55	0.68	1.44	3.52	0.29	0.44	0.62	1.45	0.38	0.46	0.67	1.10
JBU	0.45	0.85	1.68	3.35	0.17	0.36	0.74	1.56	0.18	0.37	0.76	1.46
IMJBU	0.43	0.83	1.62	3.26	0.16	0.34	0.72	1.47	0.17	0.36	0.74	1.39
Guided	0.63	1.01	1.70	3.46	0.22	0.35	0.58	1.14	0.23	0.37	0.59	1.16
NLMR	0.41	0.65	1.03	2.11	0.17	0.30	0.56	1.03	0.18	0.29	0.51	1.10
JGF	0.29	0.47	0.78	1.54	0.15	0.24	0.43	0.81	0.15	0.25	0.46	0.80
TGV	0.45	0.65	1.17	2.30	0.18	0.27	0.42	0.82	0.18	0.29	0.49	0.90
MLS	0.27	0.68	1.04	2.20	0.16	0.26	0.48	1.16	0.15	0.25	0.49	0.93
AR	**0.18**	0.49	**0.64**	2.01	0.12	0.22	**0.37**	0.77	**0.10**	**0.20**	0.40	**0.79**
Pro - Hard	0.40	0.56	1.03	2.38	0.14	0.27	0.48	0.92	0.15	0.30	0.62	1.20
Pro - Soft	**0.18**	**0.45**	0.71	**1.97**	**0.10**	**0.20**	**0.37**	**0.74**	**0.10**	**0.20**	**0.39**	0.80

表5-6 Middlebury数据集上的图像对“Reindeer”“Laundry”和“Dolls”无噪深度图超分辨率重建客观结果比较（MAD）

图像对 / 方法	Reindeer				Laundry				Dolls			
	2×	4×	8×	16×	2×	4×	8×	16×	2×	4×	8×	16×
Bicubic	0.30	0.55	0.99	1.88	0.28	0.54	1.04	1.95	0.20	0.36	0.66	1.18
JBU	0.27	0.50	1.00	1.89	0.26	0.49	0.94	1.95	0.20	0.38	0.74	1.46
IMJBU	0.27	0.49	0.98	1.87	0.25	0.48	0.92	1.94	0.20	0.37	0.73	1.44
Guided	0.42	0.53	0.88	1.80	0.38	0.52	0.95	1.90	0.28	0.35	0.56	1.13
NLMR	0.20	0.37	0.63	1.28	0.17	0.32	0.54	1.14	0.16	0.31	0.56	1.05
JGF	0.23	0.38	0.64	1.09	0.21	0.36	0.64	1.20	0.19	0.33	0.59	1.06
TGV	0.32	0.49	1.03	3.05	0.31	0.55	1.22	3.37	0.21	0.33	0.70	2.20
MLS	0.32	0.64	0.74	1.43	0.23	0.39	0.81	1.53	0.24	0.36	0.61	0.98
AR	0.22	0.40	0.58	**1.00**	0.20	0.34	**0.53**	1.12	0.21	0.34	0.50	**0.82**
Pro-Hard	0.21	0.40	0.74	1.50	0.21	0.47	0.90	2.02	0.18	0.37	0.72	1.44
Pro-Soft	**0.14**	**0.31**	**0.56**	1.10	**0.14**	**0.30**	**0.53**	**1.10**	**0.12**	**0.26**	**0.49**	0.83

图5-4展示了“Dolls”RGB图像对的8×上采样结果（详细结果请在电子版上放大图像查看）。本算法与五个现有方法作了比较：NLMR[17]、MLS[73]、JGF[18]、AR[16]和TGV[21]。从图中高亮部分可以看出，MLMR、MLS、JGF和TGV的实验结果中有明显的纹理拷贝赝像和模糊的边界图。AR的结果和本算法接近，但是它对纹理拷贝赝像和模糊边界的处理没有提出的算法效果好。与上述方法相比，本算法可以获取最佳的深度图超分辨率重建结果。

（2）下采样加噪退化。在实际应用场景下，使用深度传感器获取的深度图不可避免地会带有噪声。为了仿真此实际场景，本算法在由AR[16]提供的有噪数据集上做了测试。该数据集中的低质量深度图是在真实深度图上使用四种不同尺度下采样并引入均值为0、方差为25的高斯噪声生成。表5-7和表5-8列出了本算法和其他七种对比方法的深度图增强实验结果比较，其中最优值和次优值被分别加粗和加下划线突出表示。从表5-7和表5-8可以看出，本算法的实验结果在所有情况下均是最优或者次优的。JGF[18]的去噪能力比较差。NLMR[17]、MLS[73]和Guided[19]具有相似的算法

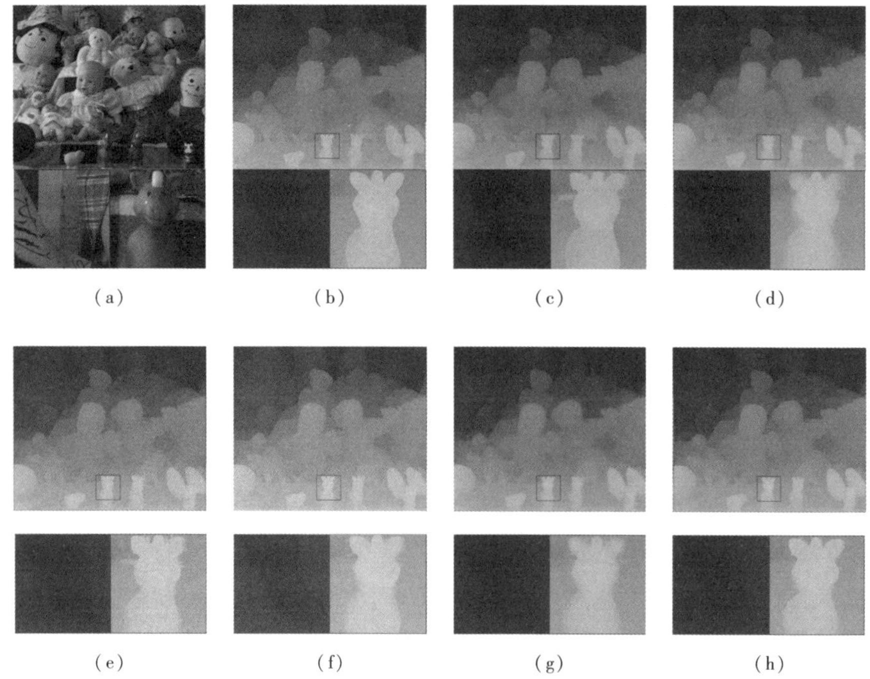

(a) (b) (c) (d)

(e) (f) (g) (h)

图 5 - 4　Middlebury 数据集上的图像对“Dolls”的无噪深度图超分辨率重建主观效果比较

注：(a) 纹理图，(b) 真实深度图，上采样深度图 (8×) 使用，(c) NLMR，(d) MLS，(e) JGF，(f) AR，(g) TGV 和 (h) 提出的算法。

性能。它们均比提出的算法效果差。TGV[21] 在小上采样尺度下（2×、4×）的结果与本算法相近。然而，它在大上采样尺度下（16×）缺乏鲁棒性。总的来说，AR[16] 的实验结果与提出的算法接近，且在“Reindeer”和“Laundry”这两个图像对上的结果优于本算法结果。为了更加直观地比较实验结果，图 5 - 5 展示了本算法和其他四种对比方法（NLMR、Guided、MLS 和 TGV）的有噪深度图超分辨率重建效果图。如图所示，Guided 和 MLS 方法的结果中存在较强噪声。TGV 的去噪能力相对前两者更理想，但是其不能保持图像细小的结构，如杯子中的棒子。总体上，本算法能有效抑制噪声并保持大部分图像细节信息。然而，在“Moebius”图像对上，本算法结果仍能观察到小部分模糊的深度图边界。其主要原因是纹理区域的边界较弱，Canny 算子不能使用预设门限很好地检测出该边界。相反地，对应的真实深度图区域却有较强的边界。根据提出的算法，该情况属于完全不一致类别，对应纹理图区域不会给深度图超分辨率重建提供指导信息。因此，在大上采样尺度下（8×、16×），该部分的深度图边界可能会出现一定程度的模糊。然而，由于使用了高层特征（图像分割信息、边界显著性图），NLMR 有可能在这些区域能获得更准确的结果。但是，这些高层信息并不稳定。事实上，从它的算法结果中也可以观察到残存的噪声、纹理拷贝和模糊深度边界等赝像。

表 5－7　Middlebury 数据集上的图像对“Art”“Book”和“Moebius”有噪深度图超分辨率重建客观结果比较（MAD）

图像对 / 方法	Art				Book				Moebius			
	2×	4×	8×	16×	2×	4×	8×	16×	2×	4×	8×	16×
Bicubic	3.52	3.84	4.47	5.72	3.30	3.37	3.51	3.82	3.28	3.36	3.50	3.80
MLS	1.43	1.95	3.37	4.67	0.81	1.39	2.68	3.21	0.87	1.40	2.65	3.16
Guided	1.49	1.97	3.00	4.91	0.80	1.22	1.95	3.04	1.18	1.90	2.77	3.55
NLMR	1.69	2.40	3.60	5.75	1.12	1.44	1.81	2.59	1.13	1.45	1.95	2.91
JGF	2.36	2.74	3.64	5.46	2.12	2.25	2.49	3.25	2.09	2.24	2.56	3.28
TGV	0.82	1.26	2.76	6.87	0.50	0.74	1.49	2.74	0.56	0.89	1.72	3.99
AR	0.76	**1.01**	**1.70**	3.05	0.47	0.70	1.15	1.81	0.46	0.72	**1.15**	1.92
Pro－Soft	**0.74**	1.02	1.72	**3.01**	**0.45**	**0.66**	**1.07**	**1.80**	**0.45**	**0.68**	1.18	**1.85**

表 5－8　Middlebury 数据集上的图像对“Reindeer”“Laundry”和“Dolls”有噪深度图超分辨率重建客观结果比较（MAD）

图像对 / 方法	Reindeer				Laundry				Dolls			
	2×	4×	8×	16×	2×	4×	8×	16×	2×	4×	8×	16×
Bicubic	3.39	3.52	3.82	4.45	3.35	3.49	3.77	4.35	3.28	3.34	3.47	3.72
MLS	0.92	1.49	2.86	3.53	0.94	1.53	2.83	3.58	0.81	1.34	2.57	3.09
Guided	1.29	1.99	2.99	4.14	1.28	2.05	3.04	4.10	1.19	1.94	2.80	3.50
NLMR	1.20	1.60	2.40	3.97	1.28	1.63	2.20	3.34	1.14	1.54	2.07	3.02
JGF	2.18	2.40	2.89	3.94	2.16	2.37	2.85	3.90	2.09	2.22	2.49	3.25
TGV	0.59	0.84	1.75	4.40	0.61	1.59	1.89	4.16	0.66	1.63	1.75	3.71
AR	**0.48**	**0.80**	**1.29**	**2.02**	**0.51**	**0.85**	1.30	**2.24**	0.59	0.91	1.32	2.08
Pro－Soft	0.53	0.82	1.31	2.14	0.54	0.89	**1.24**	2.33	**0.52**	**0.84**	**1.25**	**1.92**

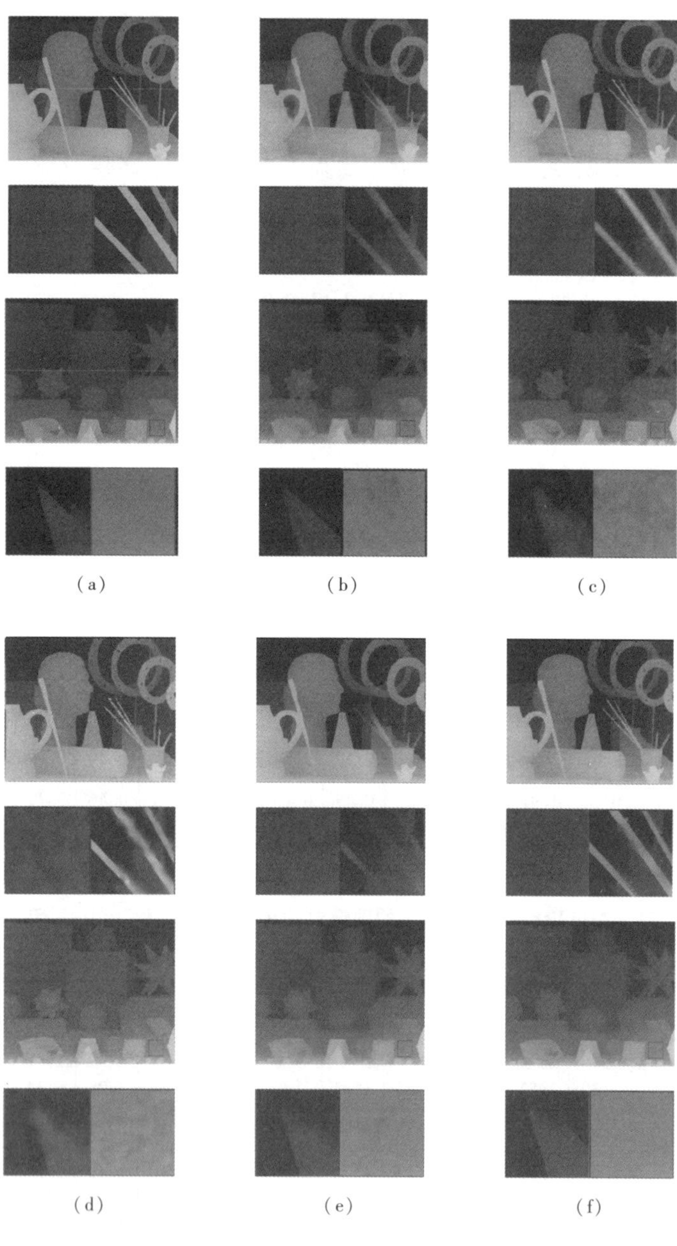

图 5-5 Middlebury 数据集上的图像对“Art”和“Moebius”的有噪深度图超分辨率重建主观效果比较

注：(a) 真实深度图，上采样深度图（8×）使用，(b) NLMR，(c) Guided，(d) MLS，(e) TGV 和 (f) 提出的算法。

（3）结构错误和随机数据丢失。为了验证本算法在深度图修复任务中的性能，本部分实验在由 AR[16] 提供的数据集上做算法测试。该数据集中的低质量深度图是在真实深度图上随机产生空洞获取。这些出现在边界区域和平滑区域的空洞分别是对结构错误和数据随机丢失的仿真。表 5 - 9 列出了本算法和五个对比算法的深度图修复结果比较。从表中可以看出，本算法在四组图像对上获得最优结果，并在剩下的两个图像对上表现出次优的性能。因此，本算法的有效性被进一步证明。图 5 - 6 展示了该实验的主观效果以及与 Guided[19]、JBF[5] 和 AR[16] 的比较。尽管所有算法在该实验中都能获得较好的结果，但是从图中高亮区域可以看出，本节提出的算法可以更好地保持深度图边界。

表 5 - 9　Middlebury 数据集上的深度图修复客观结果比较（MAD）

方法 \ 图像对	Art	Book	Moebius	Reindeer	Laundry	Dolls
Bicubic	0.90	0.61	0.66	0.95	0.91	0.76
MLS	0.91	0.58	0.72	**0.68**	0.72	0.82
JBF	0.84	0.63	0.69	0.92	0.88	0.76
Guided	1.20	0.63	0.67	0.96	0.94	0.76
AR	**0.58**	0.53	0.60	**0.68**	0.75	0.69
Pro - Soft	0.60	**0.52**	**0.56**	0.70	**0.71**	**0.68**

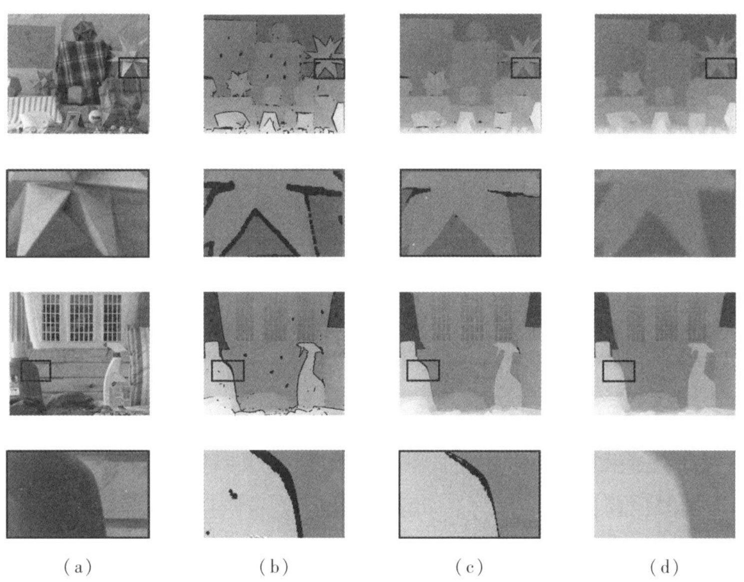

(a)　(b)　(c)　(d)

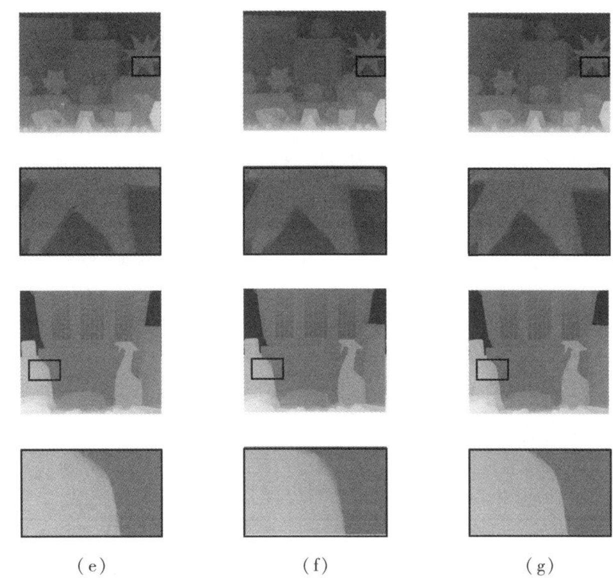

图 5-6 Middlebury 数据集上的图像对"Moebius"和"Laundry"的深度图修复主观效果比较

注：(a) 纹理图，(b) 低质量深度图，(c) 真实深度图，修复深度图使用，(d) Guided，(e) JBF，(f) AR 和 (g) 提出的算法。

5.4.5.2 真实场景数据集上的实验结果

本算法还将分别在 ToF-Mark 和 NYU 真实场景数据集上测试。这两个数据集分别对应于使用 ToF 传感器和结构光传感器获取的深度图。以下的实验旨在证明本算法对不同类型的传感器获取的深度图均能有效增强。

(1) ToF-Mark 数据集上的实验结果。本部分实验将使用提出的算法在 ToF-Mark 数据集上做测试。该数据集包含三个真实场景的 RGB-D 数据（"Books"、"Shark"、"Devil"）及其真实深度图。低质量深度图的分辨率是 120×160，而与其对应的纹理图分辨率为 610×810。深度图上采样尺度大约是 6.25×[21]。表 5-10 列出了深度图超分辨率重建的客观结果评价，并对最优值和次优值使用加粗和加下划线予以突出表示。深度图的重建结果使用 MAD 评估，其与真实深度图的误差使用 mm（毫米）做单位。通过与其他九种算法对比，本算法在两个场景中的深度图重建结果的 MAD

误差最小，在另一个场景中的结果次优。图 5－7 展示了本算法及四种对比算法（MLS[73]、JGF[18]、TGV[21]和 AR[16]）的深度图重建的主观效果比较。由于 MLS 和 JGF 的去噪能力有限，使用它们重建的深度图中仍存在比较强的噪声。相比上述方法，TGV、AR 和本算法的结果噪声得到了有效抑制。然而，TGV 和 AR 的结果引入了明显的纹理拷贝赝像，例如：在"Shark"图像对中被方框高亮的鱼的眼睛。本算法的结果中没有发现明显的纹理拷贝赝像。此外，相比于其他算法，本算法重建的"Shark"图像对中被高亮的纸盒边界更加准确。这证明了本算法能有效地保持深度图边界。

表 5－10　ToF－Mark 数据集上的深度图超分辨率重建客观结果比较（MAD）

方法 图像对	Bicubic	OMRF	Guided	MLS	JBU	JGF	NLMR	TGV	AR	Pro－Soft
Books	16. 23	13. 87	14. 51	14. 50	14. 78	17. 39	14. 31	**11. 90**	12. 45	12. 23
Shark	17. 78	16. 07	16. 62	16. 26	17. 15	18. 17	15. 88	14. 47	14. 71	**14. 14**
Devil	16. 66	15. 36	24. 97	14. 97	25. 46	19. 02	15. 36	13. 90	13. 83	**13. 71**

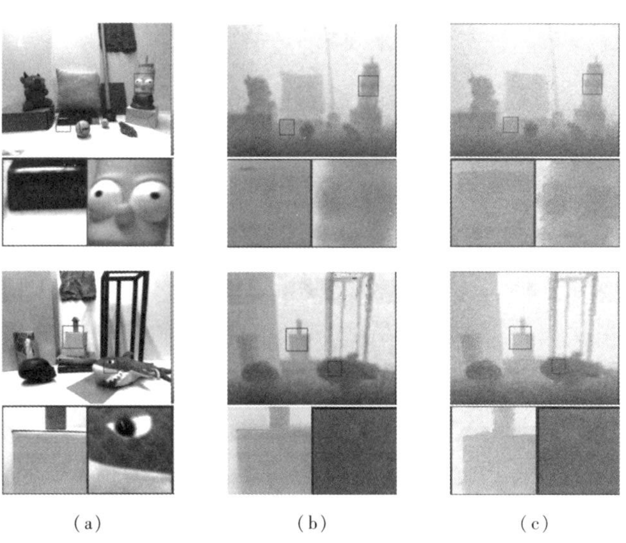

(a)　(b)　(c)

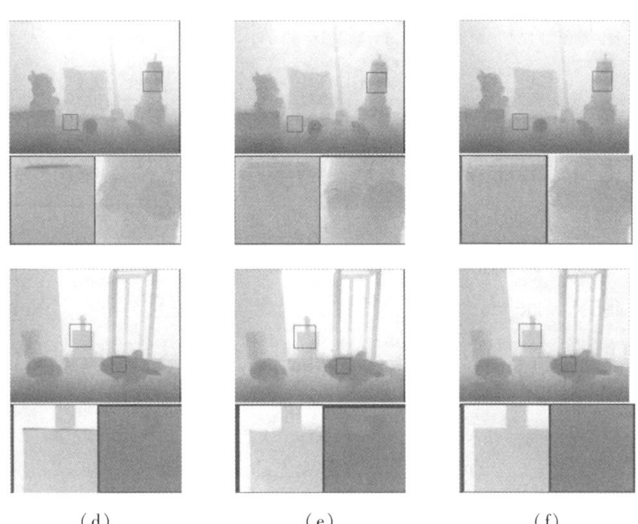

(d) (e) (f)

图 5－7 ToF－Mark 数据集上的图像对“Devil”和“Shark”的深度图超分辨率重建主观效果比较

注：(a) 纹理图，上采样深度图使用，(b) MLS，(c) JGF，(d) TGV，(e) AR 和 (f) 提出的算法。

(2) NYU 数据集上的实验结果。由于 NYU 数据集[72]上的所有深度图是使用结构光深度传感器获取，所以本部分实验将使用提出的算法在该数据集上测试真实场景下深度图修复的效果，并与其他四种算法（AR[16]、MLS[73]、JBU[5]和 Colorization[74]）比较。图 5－8 展示了深度图修复效果对比。从图中高亮部分可以看出，AR 和 MLS 方法的结果受到纹理拷贝赝像的影响（例如：图中第二行）。相反，在本算法结果中没有观察到纹理拷贝赝像。此外，AR 的保持深度图边界的能力在对比方法中是最优的。但通过观察图中高亮区域（例如：图中第四行）可以发现本算法能比 AR 更有效的保持深度图边界。因此，本算法在真实场景中具有鲁棒的深度图修复能力。

5.4.5.3 同时处理深度图超分辨率重建和深度图修复的实验结果

在前面的各实验部分，我们在多个数据集上分别独立地验证了本算法在深度图超分辨率重建和深度图修复任务中的有效性。为了进一步验证本算法的鲁棒性，本部分实验将在相对更困难的情景下使用提出的算法，即同时对低质量深度图上采样（4×）和深度图修复（空洞填充）。本算法将在 NYU 数据集[72]上测试。图 5－9 展示了本算法及三种对比算法（Colorization[74]、JBU[5]和 TGV[21]）的主观效果。从图中高亮区域可以观察到，本算法在空洞填充、抑制纹理拷贝赝像和保持深度图边界这几方面的效果比其他三种方法优异。相反地，Colorization 的结果中呈现出明显的纹理拷贝赝像（见高亮第二行）和模糊的深度图边界（见高亮第四行）。JBU 和 TGV 不能获得令人满意的结果，它们的结果中还有空洞未完全被填充。

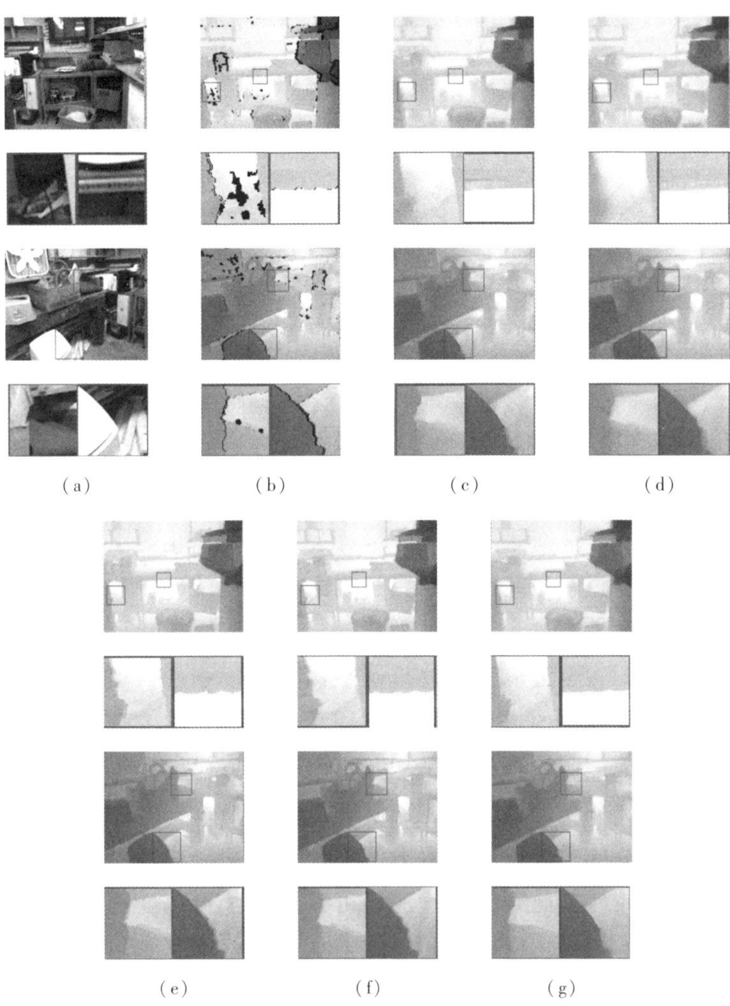

图 5－8　NYU 数据集上的深度图修复主观效果比较

注：(a) 纹理图，(b) Kinect v1 获取的原始深度图，深度图修复使用，(c) AR，(d) MLS，(e) JBU，(f) Colorization 和 (g) 提出的算法。

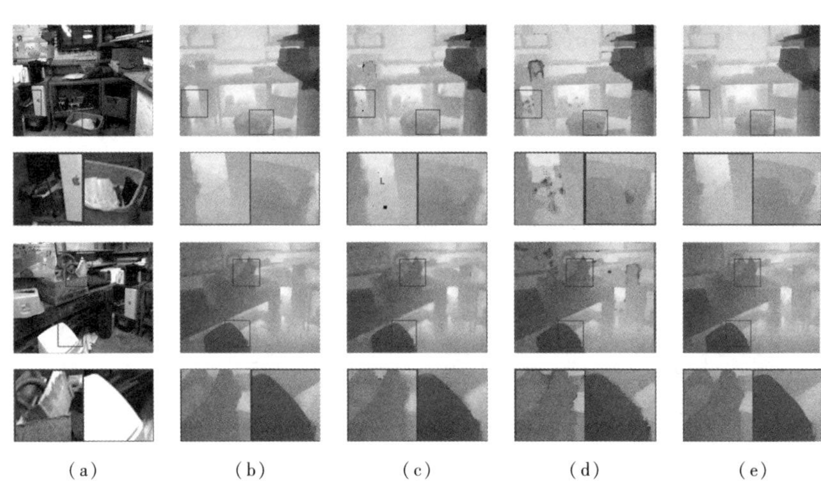

(a) (b) (c) (d) (e)

图 5-9　NYU 数据集上复合深度图增强（深度图超分辨率 & 深度图修复）的主观效果比较

注：(a) 纹理图及列于纹理图左上角的低分辨率深度图，增强深度图使用，(b) Colorization，(c) JBU，(d) TGV 和 (e) 提出的算法。

5.4.6　结论

本节提出了一种新颖的基于马尔可夫随机场优化的引导性深度图增强算法。其主要贡献是基于软判决的方式对纹理边界图和配对的深度边界图的不一致性进行显示评价。随后，该边界不一致性评价被嵌入马尔可夫随机场中。它自适应控制纹理图在深度图增强中的引导作用。相比于上节提出的硬判决的边界不一致性测量的方法，本节提出的更精细的模型能够更好地抑制纹理拷贝赝像，同时在保持深度图边界上有更优异的表现。实验部分在 Middlebury 数据集、ToF - Mark 数据集和 NYU 数据集上设计了充分的实验以验证本算法在深度图超分辨率重建和深度图修复任务中的有效性。此外，本算法还可以同时执行深度图超分辨率重建和深度图修复的任务。所有的实验结果均证明了本算法相对于现有算法性能上的提升。

5.5 本章小结

本章提出了两种在纹理图和其配对深度图之间评估边界不一致性程度的度量模型，它们分别采用了硬判决和软判决的方式。上述模型被嵌入马尔可夫随机场的能量函数中，其目的是自适应控制纹理图的引导信息在深度图增强中的影响。由于软判决的边界不一致评价模型采用了更准确的描述方法，所以，它比硬判决的模型更鲁棒。

尽管使用本章提出的深度图增强算法可以获得较为满意的结果，但是当上采样尺度过大时（16×），也有一些失败的例子。一个相应的失败案例在图 5－5 中的“Moebius”图像对的主观结果中给出。下一章将针对这个问题，提出一种新的方法以提升在大上采样尺度下增强算法的鲁棒性。

第 6 章　基于结构化距离空间的引导性深度图增强

为了更好地保护图像结构信息，本节提出马尔可夫随机场中先验正则项的一种基于结构引导的系数计算方法。本算法在所提出的由多个最小生成树组成的联合空间上更精确地计算该系数，以替代原始的非结构化计算方法。它基于单个最小生成树内的路径和跨越邻近最小生成树的路径计算。深度图的局部结构信息可以使用这些路径表示。此外，前一章提出的软判决边界不一致测量模型被嵌入至每个最小生成树的边的权重计算中，该设置可以有效地抑制纹理拷贝赝像。为叙述方便，在本节以下内容中软判决边界不一致测量模型和不一致模型意思相同。

6.1　马尔可夫随机场能量函数的修改

数据项基于鲁棒的 M 估计器 Huber[75]设计，它可以在一范数最优和二范数最优之间获得折中。

$$E_{data}(\mathbf{D}) = \|\mathbf{D}_{sub} - \mathbf{O}\|_{\mathbf{Huber}} \tag{6.1}$$

$$\|\mathbf{x}\|_{\mathbf{Huber}} = \begin{cases} \sum_i \dfrac{\mathbf{x}_i^2}{2\varepsilon} & |\mathbf{x}_i| \leq \varepsilon \\ \sum_i \varepsilon\left(|\mathbf{x}_i| - \dfrac{\varepsilon}{2}\right) & |\mathbf{x}_i| > \varepsilon \end{cases} \tag{6.2}$$

其中，$\mathbf{O}$ 代表使用深度传感器直接获取的观测深度值集合。$\mathbf{D}_{sub}$ 是 $\mathbf{D}$ 的子集，它包含具有观测深度值的像素的真实深度值。

此外，与式（5.3）定义的由颜色值和深度值差异直接计算 λ_s^{pq} 的方法相比，本节重定义 λ_s^{pq} 为基于多个最小生成树（即最小生成森林）空间上的路径距离计算，如式（6.3）所示：

$$\lambda_s^{pq} = e^{\frac{-\mathrm{dist}(p,q)}{\delta}} \tag{6.3}$$

其中，δ 控制指数函数带宽。dist(p，q) 代表在提出的最小生成森林空间上，像素 p 和 q 间的距离。下一部分内容将具体阐述提出的算法。

6.2　本章提出的算法

现有的方法以及前一章提出的算法都使用像素与其邻近像素间的彩色值和深度值差异计算先验正则项的引导系数。这种非结构化的计算方法忽略了深度图局部结构。因此，它有可能会模糊增强后的深度图边界（例如：16×深度图超分辨率重建）。相反地，树滤波器被认为在保持边界上有更鲁棒的效果[23,76]。它被广泛应用于计算机视觉任务中，例如：保持图像结构信息的平滑[23,76]、立体匹配[77]等。在上述算法中，最小生成树被用来自动将处在图像坐标相邻位置的不相似的像素间的距离拉远。这使得树滤波器具有保持边界的效果。然而，对整个图像建立单个最小生成树可能会产生边界泄露问题[23,76]。也就是说，最小生成树的构建可能跨越图像边界，导致这些边界变得模糊。本节提出先验正则项的引导系数 λ_s^{pq} 是基于像素 p 和 q 间的树路径距离计算的。为了避免边界泄露问题，在文献[76]的启发下，本节算法将对纹理图做超像素分割，而后在每一个超像素上构建一个最小生成树，以防止最小生成树跨越图像边界。因为纹理图的质量较高且在每个超像素内的像素具有相似的属性，所以超像素上基于树路径的距离计算相对比较可靠。由过分割产生的相邻超像素之间的深度值也具有一定的相似性，故相邻最小生成树之间的连接也需要考虑。相邻的最小生成树相互连接构成所谓的最小生成森林。

如果引导信息仅仅来自配对的纹理图，则由于深度图边界和纹理图边界在某些区域的不一致性会导致在增强的深度图中出现纹理拷贝赝像和模糊的深度图边界。受到前一章提出的软判决边界不一致性测量模型[78]能有效抑制纹理拷贝赝像的启发，本节算法将把该模型嵌入到所有组成最小生成森林的最小生成树边的权重计算中。这两部分的贡献相互补充以获得鲁棒的深度图增强效果。

6.2.1 最小生成森林的构造

SLIC 超像素分割算法[79]被用于纹理图过分割以避免最小生成树跨越深度边界造成的深度图边界泄露[23,76]。该分割算法结果能保持图像物体边界并且其计算复杂度仅仅是线性的。在每个分割区域构造一个八联通加权子图$\mathbf{G}_{sub}(\mathbf{V},\mathbf{E},\mathbf{W})$，其中，分割区域内所有像素组成节点 **V**，所有节点间的连线组成边的集合 **E**。**W** 是由式（6.4）定义的边的权重集合[76]。

$$\mathbf{W}(p,q) = \left|\nabla_{color}^{pq}\right| \tag{6.4}$$

其中，∇_{color}^{pq}是像素 p，q 的颜色差。由于深度图和其对应的纹理图有着不同的统计特性，这种设置将使得增强的深度图中出现纹理拷贝赝像和模糊的深度图边界。本算法将显式嵌入前一章提出的不一致模型以抑制上述问题的产生。具体细节将在下一部分介绍。

在当前构建的最小生成树中，每个相邻节点间边的权重由颜色相似性决定，如式（6.4）所示。基于这些子图，每个超像素内的最小生成树可以通过移除多余的边构建。由过分割生成的相邻超像素之间的深度值具有一定的相似性，故相邻超像素之间的连接也需要被考虑。为了和最小生成树内部边的权重设置一致，这类边的权重将由深度值和颜色值差异计算以抑制纹理拷贝赝像。更具体地说，该类边由相邻最小生成树内颜色值和深度值最接近的像素点对确定。该设置能在不跨越深度边界的情况下将超像素内的局部最小生成树向整张图像拓展。它可以被认为是一种为避免边界泄露而引入的监督信息。事实上，本节提出的最小生成森林可以被看作一种基于图像内容的距离空间。图像像素之间的距离由该空间上的路径确定。相比于在双边滤波器中距离核和颜色核中使用的非结构化的欧式距离空间，本节提出的最小生成森林空间能有效表征图像结构。本算法对每个像素 s 建模成一个二维点$\mathbf{Pt}_s(c_s,d_s)$，其中包括它的颜色值 c_s 和深度值 d_s。距离计算基于一范数。则超像素 Sup_β 和 Sup_γ 间的最优的节点对 p^*，q^* 由式（6.5）确定。

$$(p^{*}, q^{*}) = \min_{\substack{p \in Sup_{\beta} \\ q \in Sup_{\gamma}}} \| \mathbf{Pt}_p - \mathbf{Pt}_q \|_1 \tag{6.5}$$

该最优问题如果使用穷尽搜索方法，其复杂度为 $O(mn)$。其中，m，n 分别代表两个最小生成树内节点数目。当最小生成树的节点较多时，该计算方法比较耗时。本算法采用更高效的分治算法[80]求解该问题，其算法复杂度降为 $O(m+n)\log(m+n)$。

则先验正则项中邻近的两个节点在该最小生成森林空间上的距离的计算分为以下两种情况：(1) 如果像素 p，q 处于同一个超像素中，它们之间的距离可以沿着该最小生成树的路径计算。

$$\mathrm{dist}(p,q) = \sum_{i=0}^{n} \mathbf{W}(p_i, p_{i+1}) \tag{6.6}$$

其中，(p_i, p_{i+1}) 是路径中两相邻节点。这类树路径距离的计算问题可以使用最近公共祖先算法[81]高效求解。(2) 否则，距离的计算将分为三个部分：

$$\mathrm{dist}(p,q) = \mathrm{dist}(p,p^{*}) + \mathrm{dist}(q,q^{*}) + 0.5 \times (|\nabla_{color}^{p^{*}q^{*}}| + |\nabla_{depth}^{p^{*}q^{*}}|) \tag{6.7}$$

其中，p^{*}，q^{*} 表示在相邻最小生成树间最邻近节点对。如式 (6.7) 最右边的那一项所示，该最邻近节点对的确定综合考虑了深度值和纹理值的相似性。$\nabla_{color}^{p^{*}q^{*}}$ 和 $\nabla_{depth}^{p^{*}q^{*}}$ 分别表示纹理图和初始插值后的深度图中像素 p^{*} 和 q^{*} 间的颜色值差异和深度值差异。(p, p^{*}) 和 (q, q^{*}) 是处在同一个最小生成树上的像素对。

6.2.2 边界不一致性测量嵌入最小生成森林

边界不一致测量模型具有较强的抑制纹理拷贝赝像的能力。为了使内容显得完整，这里简述该模型的内容如下。通过改变纹理边界图和深度边界图在测量中的位置，该测量模型是双向评估过程。在每一方向的评估中，所有的最佳匹配的边界像素对由马尔可夫随机场优化得到。基于最小加权二分图匹配[70]的数据项包含局部结构信息，而先验正则项包含全局结构信息。边界不一致性测量的结果由最佳边界像素匹配的代价决定。该测量结果的值域是 [0, 1]。更多细节，请参阅 5.4.2 节。受到该模型的启发，本算法将其嵌入最小生成树的构造以抑制纹理拷贝赝像。

本算法中，$\boldsymbol{\alpha}$ 被定义为像素的置信度集合。它使用 5.4.2 节中介绍的方法计算。$\boldsymbol{\alpha}$ 越小，则表示纹理边界与深度边界越一致。更具体的，本算法更新式（6.4）的边（p，q）的权重公式如下：

$$\mathbf{W}'(p,q) = \left|\nabla_{color}^{pq}\right| \times (1-\alpha_{pq}) + \left|\nabla_{depth}^{pq}\right| \times \alpha_{pq} \tag{6.8}$$

其中，α_{pq}是由 $\boldsymbol{\alpha}(p)$ 和 $\boldsymbol{\alpha}(q)$ 定义的像素对 p，q 的置信度值，$\boldsymbol{\alpha}(p)$ 和 $\boldsymbol{\alpha}(q)$ 分别是像素 p，q 的置信度。如 5.4.2 节所述，为了更好地保持边界，其定义如下：$\alpha_{pq} = \max(\boldsymbol{\alpha}(p),\boldsymbol{\alpha}(q))$。当深度边界图与纹理边界图较为一致时（$\alpha_{pq}$更接近于 0），$\nabla_{color}^{pq}$将在计算最小生成树的权重时占主要作用，反之亦然。

在本节中，新定义的 $\mathbf{W}'$（式（6.8））将取代原 $\mathbf{W}$ 定义及其应用（式（6.4）、式（6.6）和式（6.7））。与前一章提出的不使用结构信息定义的先验正则项的深度图增强方法相比，本节提出的算法通过使用由式（6.6）和式（6.7）定义的最小生成森林中的距离度量可以更好地保持深度图边界。此外，本算法在构建最小生成树边的权重中显式嵌入了边界不一致测量模型，纹理拷贝赝像能够被有效抑制。

6.2.3 马尔可夫随机场中系数计算的自适应带宽调节

式（6.3）的 δ 的取值对本算法性能有影响。举例来说，当马尔可夫随机场先验正则项中两像素有着明显不同的深度值时，相对小 δ 值可以提供更好的模型性能。因此，如果先验正则项中每一对像素的深度值差异预先知道，则在深度图重建时，δ 可以被自适应调节。该先验知识能保持深度图边界，同时能抑制在深度图平滑区域由噪声和纹理拷贝引起的赝像。在这一节中，初始插值的深度图被用来估计该先验知识以自适应调节 δ。

由于初始插值的深度图的质量较低，边界出现的位置往往与其真实位置有偏差。因此，直接计算像素 p，q 的深度值差异是不准确的。本算法定义了两个分别以像素 p 和 q 为中心的局部窗口（11×11）。所有窗口内像素值组成对应的集合 $\mathbf{S}_p$ 和 $\mathbf{S}_q$。这两个集合中的绝对值最大值 AD_{max} 可以被用来分析像素对 p，q 潜在的关系。如果 AD_{max} 比较大，它表明像素对 p，q 接近于图像边界。因此，δ 应该选取小值以保持边界。相反地，如果 AD_{max} 比较小，它说明像素对 p，q 处于深度图平滑区域。在这种情况下，δ

应该被赋予相对大的值以平滑噪声和抑制纹理拷贝赝像。

计算 AD_{max} 的一个简单而直接的实现是为 $\mathbf{S_p}$ 和 $\mathbf{S_q}$ 中每一对像素计算绝对差。该计算的复杂度是 $O(t^2)$，其中 t 是每个集合的基数。这种计算方式非常耗时。本节提出一个更高效的算法，它的复杂度是 $O(t)$。首先，集合 $\mathbf{S_p}$ 和 $\mathbf{S_q}$ 中的最大值和最小值被分别计算出来（$\mathbf{S}_p$：max_p，min_p，$\mathbf{S}_q$：max_q，min_q）。随后，AD_{max} 可以以如下方式计算。

$$AD_{max} = \max\left(\left|max_q - min_p\right|,\ \left|max_p - min_q\right|\right) \tag{6.9}$$

引理 6.1　$0 \leqslant min_p \leqslant e_p \leqslant max_p$，$0 \leqslant min_q \leqslant e_q \leqslant max_q$，其中 e_p 和 e_q 分别是集合 $\mathbf{S}_p$ 和 $\mathbf{S}_q$ 中的任意元素。则 $min_p - max_q \leqslant e_p - e_q \leqslant max_p - min_q$。所以，$\left|e_p - e_q\right| \leqslant \max\left(\left|max_q - min_p\right|,\ \left|max_p - min_q\right|\right)$，得证。

由于噪声的模型是多样的，因此很难使用固定模型（例如：线性模型）来刻画 δ 和 AD_{max} 的关系。在本算法中，AD_{max} 将对先验正则项中的每对像素对计算，并使用双门限 θ_{low}、θ_{high} 将所有像素对分为三类。这三类分别对应于邻近强边界区域、邻近弱边界区域和平滑区域。针对不同类型的区域，选取相异的 δ 值，如式（6.10）所示。δ 的值是基于“Laundry”图像对选取并应用于所有实验中。

$$\delta = \begin{cases} 2, & AD_{max} > \theta_{high}\ (\text{strong edge}) \\ 10, & AD_{max} < \theta_{low}\ (\text{smooth region}) \\ 4, & \text{Others}\ (\text{weak edge}) \end{cases} \tag{6.10}$$

图 6－1 和图 6－2 列出了嵌入不一致模型的非结构化算法[78]、嵌入不

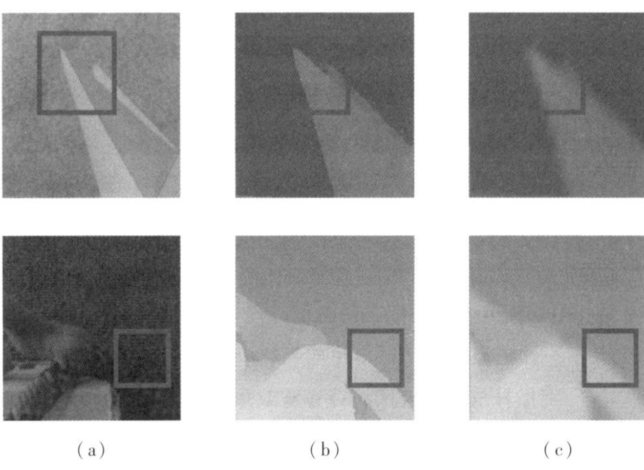

(a)　　(b)　　(c)

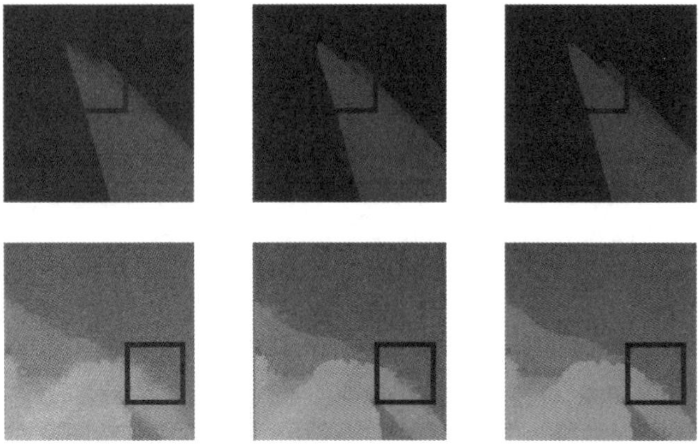

(d) (e) (f)

图 6-1 深度图超分辨率重建（8×）主观结果比较

注：(a) 纹理图像块，(b) 真实深度图像块，超分辨率重建深度图使用，(c) 双三次插值，(d) 不一致模型，(e) 最小生成森林（MSF）+不一致模型，(f) 提出的算法。

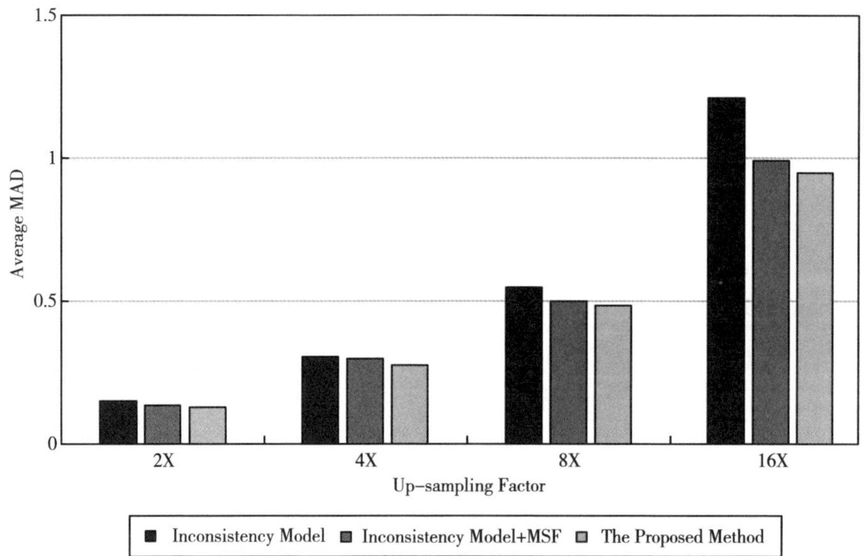

图 6-2 Middlebury 数据集上使用嵌入不一致模型的非结构化算法、嵌入不一致模型的基于最小生成森林（MSF）的算法和本节提出算法的深度图增强客观效果比较（MAD）

一致模型的基于最小生成森林（MSF）的算法和本节提出的算法在无噪Middlebury数据集[67]上的8×超分辨率重建的主观和客观结果比较。从图中可以看出，当依次使用本节提出的最小生成森林和带宽自适应调节算法时，增强深度图的质量会有渐进的提升。更多的实验结果增益将在实验部分给出。

6.3 实验结果

本算法在多个数据集上测试其深度图超分辨率重建和深度图修复的性能。在讨论主要参数设置后，本算法首先在仿真数据集Middlebury[67]和使用ToF深度传感器获取的真实数据集ToF - Mark[21]上测试深度图超分辨率重建的效果。然后，仿真数据集[16]和使用Kinect v1获取的真实数据集[72]被用来验证本算法的深度图修复任务中的有效性。最后，本节给出多个算法的运行时间比较。

6.3.1 参数的影响

首先，本部分讨论提出的算法中主要参数对算法性能的影响。主要参数包括超像素的个数和式（5.3）中的平衡因子λ。

6.3.1.1 超像素个数

本部分实验在固定其他参数不变的条件下（式（6.2）中的$\varepsilon=10$，式（6.10）中的$\theta_{low}=5$，$\theta_{high}=30$，$\delta=[2, 10, 4]$），调整超像素的个数。图6-3展示了在上采样尺度是2×、4×、8×和16×时，“Laundry”图像对的深度图超分辨率重建的结果。从图中可以看出，超像素个数的变化对结果的影响不太明显，尤其是在小上采样尺度下（2×，4×）。在所有实验结果的比较中，其最优值大约是700。本节所有后续实验将固定超像素个数为700。

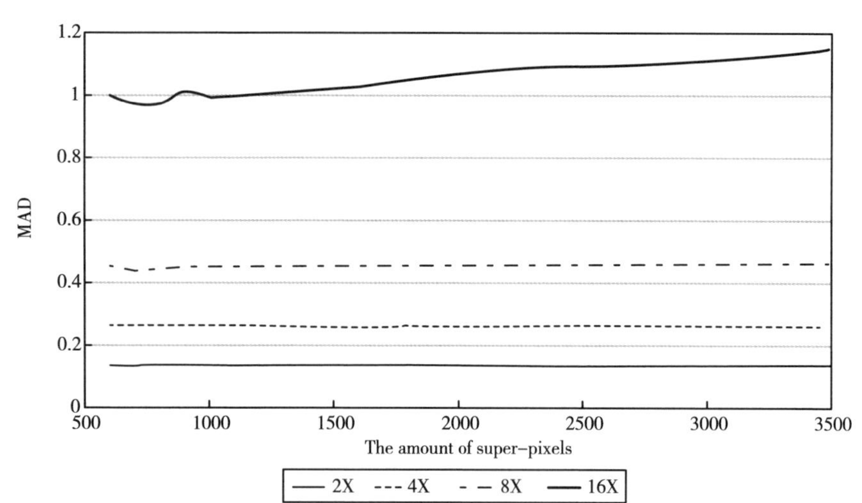

图 6－3　超像素个数的影响

6.3.1.2　式（5.3）中的平衡因子 λ

与 5.4.5 节类似的讨论同样适用于本节提出的算法。在不加噪声的不同尺度的深度图超分辨率重建实验中，λ 被固定为 0.01。对于加噪的深度图超分辨率重建实验，λ 在 2×、4×、8× 和 16× 的上采样尺度下被分别设置成 5、3.3、2.5 和 1.43。在深度图修复实验中，λ 在无噪仿真数据集[16]和有噪真实数据集[72]的值被分别设为 0.1 和 10。深度图上采样和无噪声下的深度图修复实验参数均由“Laundry”图像对上参数寻优确定。在有噪 NYU 数据集上的深度图修复实验中，参数仅在其中一对图像对上寻优并应用于其他图像对的修复实验中。

6.3.2　深度图超分辨率重建的实验结果

本部分实验将列出使用本算法在仿真数据集[16]和真实数据集[21]上的深度图超分辨率重建的结果。

6.3.2.1　仿真数据集上深度图超分辨率重建实验

在仿真数据集上的实验将展示针对两类退化（无噪下采样和加噪下采

样）的深度图增强结果。

（1）下采样退化。首先，低分辨率深度图由 Middlebury 数据集[67]中填充后的真实深度图经过最邻近插值下采样获得。本节提出的算法（Pro－MSF）将与其他十二种算法在四种不同的上采样尺度（2×、4×、8×和16×）下进行比较。这十二种算法是：双三次插值（Bicubic）、原始基于马尔可夫随机场的方法（OMRF）[4]、联合双边上采样（JBU）[5]、基于边界不一致测量模型的改进联合双边滤波器（IMJBU）、迭代三维联合双边滤波器（JBUV）[60]、引导滤波器（Guided）[19]、基于边加权的非局部均值先验正则方法（NLMR）[17]、联合测地距滤波器（JGF）[18]、广义变分差总和（TGV）[21]、滑动均方滤波器（MLS）[73]、自回归模型（AR）[16]和 5.4 节提出的方法（Pro－Soft）。此外，OMRF[4]和 JBUV[60]没有公布其在“Reindeer”“Laundry”和“Dolls”图像对上的实验结果。

表 6－1 和表 6－2 列出的四个上采样尺度下的结果。其中，最优值和次优值被分别加粗和加下划线突出显示。总体上说，本节提出的算法在大部分情况下的 MAD 误差是最低的。采用基于最小生成森林的引导系数，本算法在所有图像对的 16×上采样尺度下的实验结果最优，在 8×、4×和 2×上采样尺度下分别有五个、五个和四个图像对结果最优。在剩下的情况下，本算法的结果位列前三。图 6－4 展示了图像对“Laundry”和“Dolls”在 8×上采样尺度下使用本算法和其他四种对比算法（JGF[18]、TGV[21]、NLMR[17]和 AR[16]）的深度图超分辨率重建主观效果对比。从图中可以看出，TGV[21]的结果中有严重的纹理拷贝赝像。此外，JGF、NLMR、TGV 和 AR 的结果的高亮部分显示一些邻近边界区域有较明显错误。本算法的结果最接近于真实深度图，且未发现明显的纹理拷贝赝像和模糊的深度图边界。

表 6－1　Middlebury 数据集上的图像对“Art”“Book”和“Moebius”无噪深度图超分辨率重建客观结果比较（MAD）

方法 \ 图像对	Art				Book				Moebius			
	2×	4×	8×	16×	2×	4×	8×	16×	2×	4×	8×	16×
Bicubic	0.48	0.97	1.85	3.59	0.13	0.29	0.59	1.15	0.13	0.30	0.59	1.13
OMRF	0.59	0.96	1.89	3.78	0.21	0.33	0.61	1.20	0.24	0.36	0.65	1.25

续表

方法 \ 图像对	Art				Book				Moebius			
	2 ×	4 ×	8 ×	16 ×	2 ×	4 ×	8 ×	16 ×	2 ×	4 ×	8 ×	16 ×
JBUV	0.55	0.68	1.44	3.52	0.29	0.44	0.62	1.45	0.38	0.46	0.67	1.10
JBU	0.45	0.85	1.68	3.35	0.17	0.36	0.74	1.56	0.18	0.37	0.76	1.46
IMJBU	0.43	0.83	1.62	3.26	0.16	0.34	0.72	1.47	0.17	0.36	0.74	1.39
Guided	0.63	1.01	1.70	3.46	0.22	0.35	0.58	1.14	0.23	0.37	0.59	1.16
NLMR	0.41	0.65	1.03	2.11	0.17	0.30	0.56	1.03	0.18	0.29	0.51	1.10
JGF	0.29	0.47	0.78	1.54	0.15	0.24	0.43	0.81	0.15	0.25	0.46	0.80
TGV	0.45	0.65	1.17	2.30	0.18	0.27	0.42	0.82	0.18	0.29	0.49	0.90
MLS	0.27	0.68	1.04	2.20	0.16	0.26	0.48	1.16	0.15	0.25	0.49	0.93
AR	**0.18**	0.49	**0.64**	2.01	0.12	0.22	0.37	0.77	**0.10**	**0.20**	0.40	0.79
Pro - Hard	0.40	0.56	1.03	2.38	0.14	0.27	0.48	0.92	0.15	0.30	0.62	1.20
Pro - Soft	**0.18**	**0.45**	0.71	1.97	0.10	0.20	0.37	0.74	**0.10**	**0.20**	**0.39**	0.80
Pro - MSF	0.19	0.46	0.69	**1.43**	**0.09**	**0.19**	**0.36**	**0.69**	0.11	0.21	**0.39**	**0.78**

表 6-2　Middlebury 数据集上的图像对“Reindeer”“Laundry”和“Dolls”无噪深度图超分辨率重建客观结果比较（MAD）

方法 \ 图像对	Reindeer				Laundry				Dolls			
	2 ×	4 ×	8 ×	16 ×	2 ×	4 ×	8 ×	16 ×	2 ×	4 ×	8 ×	16 ×
Bicubic	0.30	0.55	0.99	1.88	0.28	0.54	1.04	1.95	0.20	0.36	0.66	1.18
JBU	0.27	0.50	1.00	1.89	0.26	0.49	0.94	1.95	0.20	0.38	0.74	1.46
IMJBU	0.27	0.49	0.98	1.87	0.25	0.48	0.92	1.94	0.20	0.37	0.73	1.44
Guided	0.42	0.53	0.88	1.80	0.38	0.52	0.95	1.90	0.28	0.35	0.56	1.13
NLMR	0.20	0.37	0.63	1.28	0.17	0.32	0.54	1.14	0.16	0.31	0.56	1.05
JGF	0.23	0.38	0.64	1.09	0.21	0.36	0.64	1.20	0.19	0.33	0.59	1.06
TGV	0.32	0.49	1.03	3.05	0.31	0.55	1.22	3.37	0.21	0.33	0.70	2.20
MLS	0.32	0.64	0.74	1.43	0.23	0.39	0.81	1.53	0.24	0.36	0.61	0.98
AR	0.22	0.40	0.58	1.00	0.20	0.34	0.53	1.12	0.21	0.34	0.50	0.82
Pro - Hard	0.21	0.40	0.74	1.50	0.21	0.47	0.90	2.02	0.18	0.37	0.72	1.44
Pro - Soft	**0.14**	0.31	0.56	1.10	0.14	0.30	0.53	1.10	**0.12**	0.26	0.49	0.83
Pro - MSF	**0.14**	**0.30**	**0.52**	**0.98**	**0.13**	**0.26**	**0.44**	**0.97**	**0.12**	**0.25**	**0.45**	**0.79**

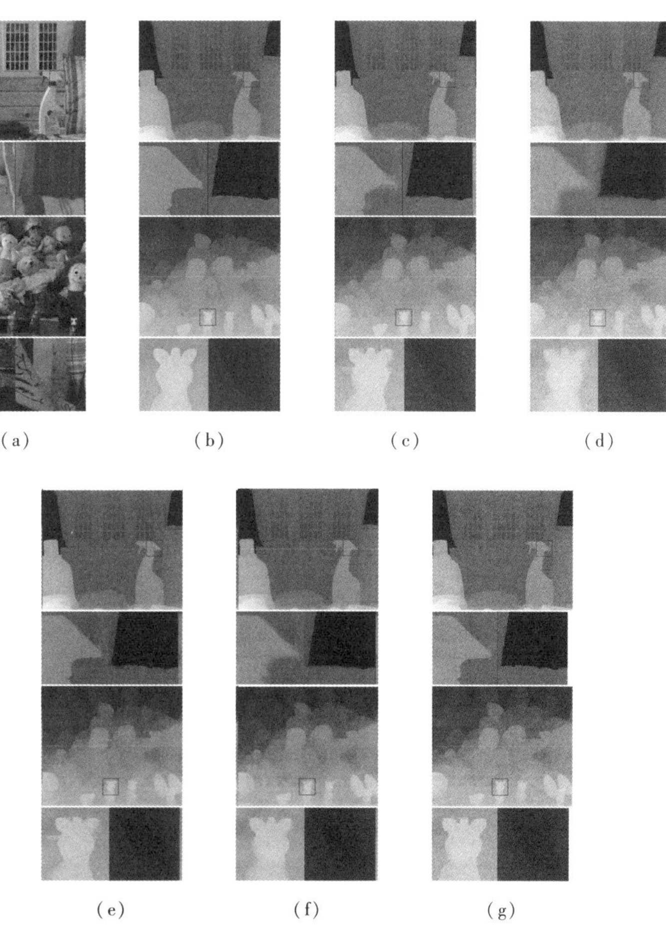

(a)　(b)　(c)　(d)

(e)　(f)　(g)

图6-4　Middlebury数据集上的图像对“Laundry”和“Dolls”的无噪深度图超分辨率重建（8×）主观效果比较

注：(a) 纹理图，(b) 真实深度图，深度图超分辨率使用，(c) JGF，(d) TGV，(e) NLMR，(f) AR和 (g) 提出的算法。

（2）下采样加噪退化。在真实场景中，使用深度传感器获取的深度图带有不可避免的噪声。为了模仿真实情况，本部分实验将在由AR[16]提供的有噪数据集上进行。表6-3和表6-4列出了本算法和其他七种对比算法的深度图增强结果。其中，最优值和次优值被分别加粗和加下划线突出表示。从上述两张表中可以看出，本算法在所有的情况下均是最优或者次优的。JGF[18]的去噪能力有限。NLMR[17]、MLS[73]和Guided[19]的算法性能相似。当上采样尺度较小（2×，4×）时，TGV[21]能获得比上述方法更好的结果，但是，它在大上采样尺度下（8×，16×）缺乏鲁棒性。总体上，AR[16]的结果比本算法稍差。然而，它在“Reindeer”图像对上的结果比本算法好。图 6－5 提供了有噪图像对“Moebius”和“Book”上深度图超分辨率重建主观结果比较。低分辨率深度图分别使用 Guided、JGF、TGV、NLMR 和本算法上采样。据图所示，Guided 和 JGF 的结果中仍存在有明显的噪声。尽管 NLMR 和 TGV 可以获得更干净的深度图，但是它们却受到严重的纹理拷贝赝像的影响。与上述算法相比，本算法能有效去除噪声，且在保护深度图边界和抑制纹理拷贝赝像上也有较好的表现。

表 6－3　Middlebury 数据集上的图像对“Art”“Book”和“Moebius”有噪深度图超分辨率重建客观结果比较（MAD）

图像对 方法	Art				Book				Moebius			
	2×	4×	8×	16×	2×	4×	8×	16×	2×	4×	8×	16×
Bicubic	3.52	3.84	4.47	5.72	3.30	3.37	3.51	3.82	3.28	3.36	3.50	3.80
MLS	1.43	1.95	3.37	4.67	0.81	1.39	2.68	3.21	0.87	1.40	2.65	3.16
Guided	1.49	1.97	3.00	4.91	0.80	1.22	1.95	3.04	1.18	1.90	2.77	3.55
NLMR	1.69	2.40	3.60	5.75	1.12	1.44	1.81	2.59	1.13	1.45	1.95	2.91
JGF	2.36	2.74	3.64	5.46	2.12	2.25	2.49	3.25	2.09	2.24	2.56	3.28
TGV	0.82	1.26	2.76	6.87	0.50	0.74	1.49	2.74	0.56	0.89	1.72	3.99
AR	0.76	1.01	1.70	3.05	0.47	0.70	1.15	1.81	0.46	0.72	1.15	1.92
Pro－MSF	**0.70**	**0.94**	**1.65**	**2.89**	**0.42**	**0.62**	**1.02**	**1.72**	**0.40**	**0.62**	**1.10**	**1.76**

表 6－4　Middlebury 数据集上的图像对“Reindeer”“Laundry”和“Dolls”有噪深度图超分辨率重建客观结果比较（MAD）

图像对 方法	Reindeer				Laundry				Dolls			
	2×	4×	8×	16×	2×	4×	8×	16×	2×	4×	8×	16×
Bicubic	3.39	3.52	3.82	4.45	3.35	3.49	3.77	4.35	3.28	3.34	3.47	3.72
MLS	0.92	1.49	2.86	3.53	0.94	1.53	2.83	3.58	0.81	1.34	2.57	3.09
Guided	1.29	1.99	2.99	4.14	1.28	2.05	3.04	4.10	1.19	1.94	2.80	3.50
NLMR	1.20	1.60	2.40	3.97	1.28	1.63	2.20	3.34	1.14	1.54	2.07	3.02
JGF	2.18	2.40	2.89	3.94	2.16	2.37	2.85	3.90	2.09	2.22	2.49	3.25
TGV	0.59	0.84	1.75	4.40	0.61	1.59	1.89	4.16	0.66	1.63	1.75	3.71
AR	**0.48**	0.80	**1.29**	**2.02**	**0.51**	0.85	1.30	2.24	0.59	0.91	1.32	2.08
Pro－MSF	0.51	**0.78**	1.32	2.20	**0.51**	**0.80**	**1.17**	**2.15**	**0.50**	**0.86**	**1.26**	**2.00**

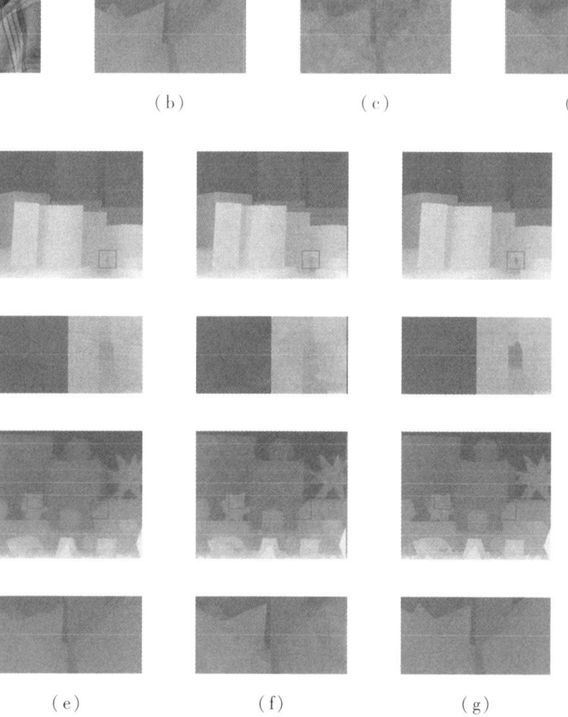

(a)　(b)　(c)　(d)

(e)　(f)　(g)

图 6－5　Middlebury 数据集上的图像对“Book”和“Moebius”的有噪深度图超分辨率重建（8×）主观效果比较

注：(a) 纹理图，(b) 真实深度图，深度图超分辨率使用，(c) Guided，(d) JGF，(e) TGV，(f) NLMR 和 (g) 提出的算法。

6.3.2.2 真实数据集上深度图超分辨率重建实验

本算法将在 ToF - Mark 数据集上测试以验证算法在增强真实 ToF 获取的深度数据上的鲁棒性。低质量深度图的分辨率为 120 × 160，其配对的纹理图分辨率为 610 × 810。上采样尺度大约是 6.25 ×[21]。

表 6 - 5 列出的定量结果比较，其中，最优值和次优值被分别加粗和加下划线突出显示。上采样的误差采用 MAD 准则评价，单位为毫米。与其他十一种算法相比，本算法的结果在所有的场景中均是最优的。图 6 - 6 展示了本算法与其他四种算法（MLS[73]、JGF[18]、TGV[21] 和 AR[16]）的主观结果比较。总体上说，由于 MLS 和 JGF 的去噪能力有限，它们的结果中仍存在较强的噪声。TGV、AR 和本算法结果可以获得更干净的深度图。然而，从图中高亮部分可以看出，TGV 和 AR 的结果中可以观察到纹理拷贝赝像（图 6 - 6 第二行）和模糊的深度图边界（图 6 - 6 第四行）。本算法结果未观察到明显的纹理拷贝赝像。此外，与其他算法相比，在 “Shark” 图像对上，本算法结果中被红色矩形高亮的区域（图 6 - 6 第四行）的边界更准确。这表明本算法具有较强的保持深度图边界的能力。

表 6 - 5 ToF - Mark 数据集的深度图超分辨率重建客观结果比较（MAD）

方法 / 图像对	Bicubic	OMRF	Guided	MLS	JBU	JGF	NLMR	TGV	AR	Pro - Soft	Pro - MSF
Books	16.23	13.87	14.51	14.50	14.78	17.39	14.31	<u>11.90</u>	12.45	12.23	**11.80**
Shark	17.78	16.07	16.62	16.26	17.15	18.17	15.88	14.47	14.71	<u>14.14</u>	**13.90**
Devil	16.66	15.36	24.97	14.97	25.46	19.02	15.36	13.9	13.83	<u>13.71</u>	**13.51**

6.3.3 深度图修复的实验结果

深度图修复实验将分别在仿真数据集[16]和真实数据集[72]上测试。

6.3.3.1 仿真数据集上深度图修复实验

本部分实验在[16]提供的仿真数据集上进行。其低质量深度图是在 Middlebury 数据集[67]的真实深度图上人为添加空洞生成。这些空洞分别处于边界区域和平滑区域以仿真结构错误和数据随机丢失。表6－6列出了本算法与其他六种代表性算法（Bicubic、MLS[73]、JBF[5]、Guided[19]、AR[16]和5.4节提出的Pro－Soft）的性能比较。在所有的图像对中，本算法获得最低的MAD值。该实验结果证明了本算法的有效性。图6－7展示了本算法和其他四种算法（MLS、Guided、JBF和Pro－Soft）的主观效果比较。从图中高亮区域可以观察到JBF的结果中有较明显的纹理拷贝赝像。Guided的结果中深度图边界相对模糊。相反的，本算法结果不仅保持了更多的深度图细节信息（例如图中第四行高亮区域），而且重建的深度图边界比MLS和Pro－Soft的结果更准确。

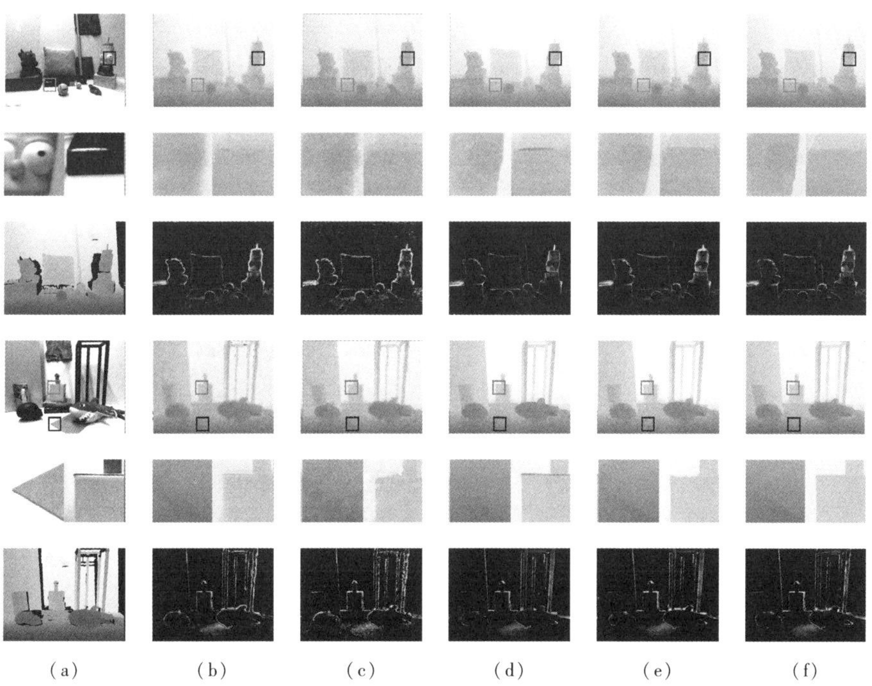

图6－6 ToF－Mark图像对“Devil”和“Shark”的深度图超分辨率重建主观效果比较

（a）纹理图和其真实深度图，深度图超分辨率重建使用（b）MLS，（c）JGF，（d）TGV，（e）AR和（f）提出的算法。

表 6－6　　仿真数据集的深度图修复客观结果比较（MAD）

方法 \ 图像对	Art	Book	Moebius	Reindeer	Laundry	Dolls
Bicubic	0.90	0.61	0.66	0.95	0.91	0.76
MLS	0.91	0.58	0.72	0.68	0.72	0.82
JBF	0.84	0.63	0.69	0.92	0.88	0.76
Guided	1.20	0.63	0.67	0.96	0.94	0.76
AR	0.58	0.53	0.60	0.68	0.75	0.69
Pro－Soft	0.60	0.52	0.56	0.70	0.71	0.68
Pro－MSF	**0.54**	**0.50**	**0.53**	**0.64**	**0.67**	**0.66**

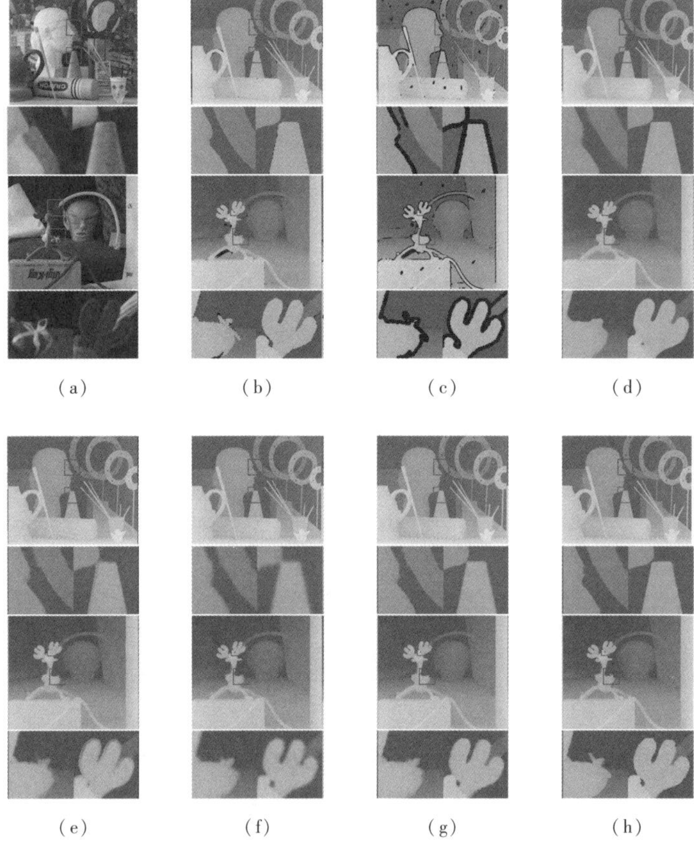

(a)　(b)　(c)　(d)

(e)　(f)　(g)　(h)

图 6－7　Middlebury 图像对 "Art" 和 "Reindeer" 的深度图修复主观效果比较

注：(a) 纹理图，(b) 真实深度图，(c) 对应低质量深度图，深度图修复使用，(d) MLS，(e) JBF，(f) Guided，(g) Pro－Soft 和 (h) 提出的算法。

6.3.3.2　真实数据集上深度图修复实验

本部分实验在 NYU 数据集[72]上测试本算法的深度图修复效果。该数据集中的深度图均使用 Kinect v1 获取。图 6－8 给出了本算法和其他四种方法（Colorization[74]、JBF[5]、AR[16]和 5.4 节提出的 Pro－Soft）的主观效果对比。从图中可以看出，AR 的结果中存在明显的纹理拷贝赝像。Colorization 和 JBF 无法恢复深度边界。AR 和 Pro－Soft 的结果中存在模糊的深度图边界。与这些算法相比，本算法可以更好地保持深度图边界并有效抑制纹理拷贝赝像的产生。

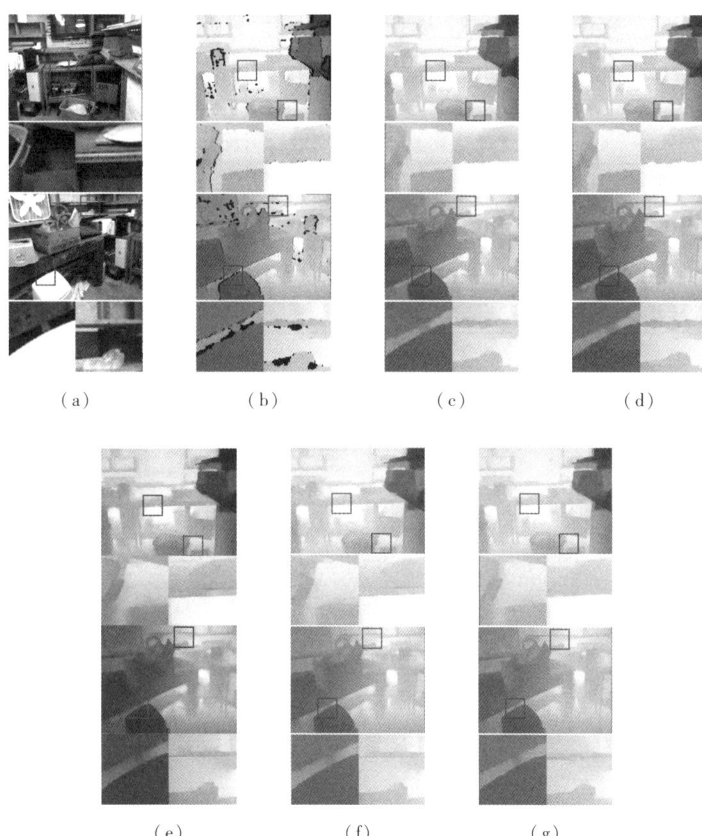

(a)　(b)　(c)　(d)

(e)　(f)　(g)

图 6－8　NYU 数据集上的两个场景的深度图修复主观效果比较

注：(a) 纹理图，(b) 对应低质量深度图，深度图修复使用，(c) Colorition，(d) JBF，(e) AR，(f) Pro－Soft 和 (g) 提出的算法。

6.3.4 平均运行时间比较

本实验环境是一台 i7 CPU 主频 3.33 GHz、内存 12G 的台式电脑。算法由未经过优化的 Matlab 和 C++代码实现。本部分给出提出的算法和其他三种同属于基于全局优化的算法（NLMR[17]、TGV[21]和 AR[16]）的平均运行时间比较。本算法的运行时间主要由上采样尺度决定。上采样尺度越大，运行时间也相对越长。

表 6-7 列出了 Middlebury 数据集和 ToF-Mark 数据集上各个算法的平均运行时间。TGV 算法需要迭代几千次才能收敛，其平均运行时间是 4000 多秒。因此，它不适用于求解大型优化问题。总体上说，本算法运行时间比 AR 和 TGV 短，但是在提升算法效果的前提下比 NLMR 略慢。

表 6-7　基于最优化算法的平均运行时间比较　　单位：秒

数据集＼方法	NLMR	TGV	AR	Pro-MSF
Middlebury	167.45	4073.63	280.51	2×：173.11 4×：197.30 8×：228.86 16×：264.08
ToF-Mark	55.79	1357.68	132.98	62.68

6.4 本章小结

本章提出了一种基于马尔可夫随机场优化的深度图增强算法。其主要贡献在于两方面：一方面是基于提出的最小生成森林空间中节点距离计算先验正则项的系数；另一方面是显式的将边界不一致模型嵌入到每个超像素的最小生成树边权重的计算中。本算法能自适应控制纹理图引导信息的影响，并更好地恢复深度图结构信息。此外，通过双门限带宽自适应设置进一步优化了本算法的性能。

本算法在 Middlebury、ToF-Mark 和 NYU 数据集上测试深度图超分辨率重建和深度图修复的效果。与已有的先进算法相比，所有的实验结果表明本算法能有效抑制纹理拷贝赝像，并在大上采样尺度下仍能较好地保持深度图边界。

第7章　基于深度学习的引导性深度图超分辨率重建

7.1 引　　言

深度信息在很多现代应用中是不可或缺的，例如：自动驾驶、三维重建、人机交互和增强现实等。消费级深度传感器提供了一个简单的获取场景深度信息的方法。然而，受到成本限制，传感器获取的深度图的分辨率比较低（176×144，200×200）。由此引出了深度图超分辨率重建的问题。随着机器学习方法被广泛应用于彩色图像超分辨率重建任务，近些年，这些方法也逐渐被应用于单深度图超分辨率重建中[14,32]。由于单图像超分辨率重建问题的高度病态性，它只能在小上采样尺度（2×，4×）下获得令人满意的结果。但是，深度传感器获得的深度图的分辨率往往只有200×200。故实际应用中需要在更大尺度（8×）下重建深度图。

如第五、六章所述，在高分辨率纹理图边界的辅助下，引导性深度图超分辨率重建在8×甚至16×尺度下仍然可以获得相对满意的结果。然而，这些基于模型的方法可能在某些RGB－D数据上不能得到最优结果。例如，由于深度图和配对纹理图之间的边界区域的数据分布不完全一致，该类方法较易产生纹理拷贝赝像和模糊的深度图边界。因此，一个直接的想法是从外部训练数据中学习高分辨率纹理图的指导信息。该类基于学习的算法不需要像全局优化方法[4,16,17,21]显式定义一个目标优化函数，也不需要像局部优化方法[5,18～20,61]一样设计滤波器。该研究方向已经有一些代表性的工作发表。文献[31]首次将稀疏编码用于引导性深度图超分辨重建中。它联合训练了低分辨率深度图像块、高分辨率深度图像块和高分辨率纹理图像块的三个字典。在重建阶段，深度图使用在已学习到的字典上的稀疏表示得到增强。文献[33]使用多尺度训练机制联合训练了低分辨率深度图像块、高分辨率深度图像块和高分辨率纹理图像块的三个字典。此外，该方法在重建阶段的目标函数中显式对图像块之间的重叠区域附加了一致性约束。文献[7]将分析算子的共轭稀疏性用于纹理——深度图像对中，并使用数据项和基于纹理引导的稀疏限制重建高分辨率深度图。除了稀疏编码，最近发表的基于深度卷积神经网络的工作展现出比传统机器学习方法（支持向量机、稀疏编码）更强大的模型表征能力。文献[38]首次将深度卷积神经网络引入彩色图超分辨率重建任务中。不同于文献[38]，本章提出的网络不使用固定的上采样参数，这些参数均通过学习获取。而后，文献[10]首次提出一个用于深度图超分辨率重建的多尺度引导性深度卷积神经网络。它通过多尺度融合机制使用高分辨率纹理图特征增强低分辨率深度图特征。该融合机制使用不同尺度描述的纹理图特征循序渐进地减少深度图超分辨率重建中的歧义性。它有一个前处理过程，即使用预设的低通滤波器提取低分辨率深度图的低频成分。而后，网络的输入是原图像减去该低频成分，即图像的相对高频成分。其最终重建结果是网络的输出加上该低频成分。事实上，该操作与残差学习的思想有相似之处。然而，由于预先设定的前处理过程导致该模型的泛化能力受到影响。

为了克服上述问题，本章提出一个端对端的深度卷积残差网络。该网络通过在多尺度上进行残差学习使得深度图中不同尺度的高频细节部分得到有效的重建。总的来说，提出的网络逐步地上采样低分辨率深度图，并使用残差网学习在不同尺度下的相对高频成分。本算法遵循由粗到细的思想使用多频率综合的方法逐渐重建深度图中的大尺度结构和细节部分。此外，根据[82]的报告，为了提高网络的去噪能力，本章提出的网络中加入了批归一化层（batch normalization layer）。下一节将详细介绍本网络的细节。在本章后续内容中，我们对所提出的网络命名为 MFR - SR（multi - scale fusion residual network for depth SR）。

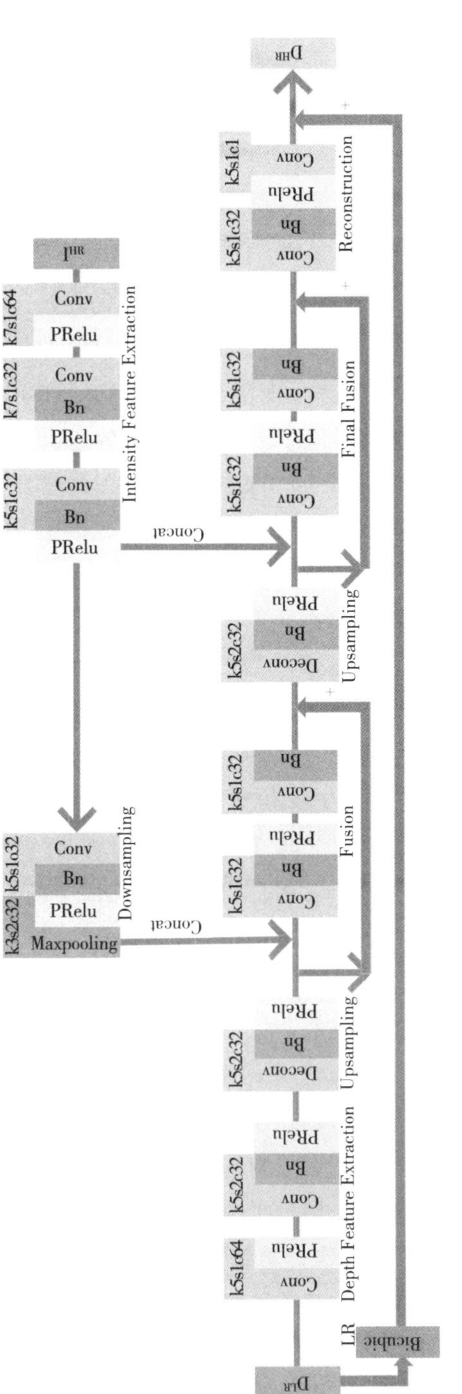

图 7－1　在 4×尺度下，MFR－SR 网络的结构

注：其他尺度下网络结构与此类似。

7.2 本章提出的深度卷积神经网络

根据引导性深度图超分辨率重建中的概念，提出的网络旨在训练一个替换预定义模型的生成函数 $G(\boldsymbol{\theta} \mid \mathbf{D}^{LR}, \mathbf{I}^{HR})$ 以恢复高分辨率深度图 $\mathbf{D}^{HR}$。$\boldsymbol{\theta}$ 是该函数的训练参数集合。函数输入 $\mathbf{D}^{LR}$ 和 $\mathbf{I}^{HR}$ 分别代表低分辨率深度图和高分辨率纹理图。其含义是在 $\mathbf{I}^{HR}$ 的引导下，训练 $\mathbf{D}^{LR}$ 与 $\mathbf{D}^{HR}$ 之间的映射关系。

图 7 - 1 显示了在 4 × 上采样尺度下，提出网络（MFR - SR）的结构。其中，k，s 和 c 分别代表滤波器尺寸、间隔和输出的通道数。总体上看，网络包含深度图/纹理图特征提取单元、深度图上采样/纹理图下采样单元、融合单元和重建单元这四部分。对 MFR - SR 中主要单元的作用简述如下：

（1）特征提取。简单的插值方法（例如双三次插值）的结果在平滑区表现良好，但无法重建图像原始高质量边界。通过这个观察可以发现图像不同光谱分量需要其特殊的上采样方法。因此，在 MSR - SR 中，低分辨率深度图和高分辨率纹理图被分解为多个光谱分量，后续的网络针对不同分量学习不同的映射函数。为了更好地提取深度图/纹理图特征，MFR - SR 在特征提取单元中使用了比文献[10]更多的卷积层。

（2）融合。该类型单元在多尺度下生成高质量深度光谱特征分量。前一个尺度深度特征光谱分量直接上采样得到当前尺度下的高质量深度光谱特征分量的低频成分。当前尺度的纹理特征光谱分量被作为引导信息用于构建针对该低频成分的高频细节。因此，该单元是在引导性深度图超分辨率重建中学习纹理引导信息的核心。

在 MFR - SR 中，$\mathbf{D}^{LR}$ 被逐步上采样至 $\mathbf{D}^{HR}$ 的分辨率。与此同时，$\mathbf{I}^{HR}$ 被依次下采样以在各个融合单元中提供不同尺度下的引导信息。每个融合单元的输入是上采样的深度特征图和其对应的纹理特征图。它们被排列在一起。这些特征图可以被解释为光谱分量图。MFR - SR 是基于残差学习概念构造的残差网[83]。它使用双三次插值方法获取高分辨率深度图的低频分量，并把该分量定义为基层。后续的网络结构旨在学习真实深度图与该基层之间的残差。此外，由于深度光谱成分的高频部分和其对应的纹理光谱成分具有更高的相关性，在每个融合单元中，MFR - SR 都设计了一个跳跃连接将由深度光谱特征分量上采样得到的次基层直接传递至该融合单元的输出。因此，对应尺度下的纹理光谱特征分量的引导作用将只关注于恢复该次基层的相对高频细节成分。上述基于残差学习的设计遵循了由粗到细的理念，它使得网络的训练更加高效。与 MFR - SR 相比，文献[10]提出的高频域训练方法在处理有噪深度图上的表现要差一些。这一点可以在后续实验结果中看出。

此外，根据启发[82]，为了提升网络去噪性能，MFR - SR 加入了批归一化层。具体来说，MFR - SR 的基本网络单元包括一个卷积层或一个转置卷积层，而后跟着一个批归一化层（Bn）[84]和一个带参 Relu 激活层（Prelu）[83]。而文献[10]没有将批归一化层引入网络设计中。MFR - SR 的第一个基本单元和最后一个基本单元不使用 Bn 层和 Prelu 层。根据是否引入 Bn 层和 Prelu 层，不同的基本网络单元的数学表示形式如下所示：

$$\mathbf{F}^{\mathrm{O}} = \delta(\mathbf{W} * \mathbf{F}^{\mathrm{I}} + \mathbf{b}) \tag{7.1}$$

$$\mathbf{F}^{\mathrm{O}} = \delta(\mathrm{Bn}(\mathbf{W} * \mathbf{F}^{\mathrm{I}})) \tag{7.2}$$

$$\mathbf{F}^{\mathrm{O}} = \delta(\mathrm{Bn}(\mathbf{W} \circ \mathbf{F}^{\mathrm{I}})) \tag{7.3}$$

$$\delta(x) = \max(0,x) + \alpha\min(0,x) \tag{7.4}$$

其中，$\mathbf{F}^{\mathrm{I}}$和 $\mathbf{F}^{\mathrm{O}}$分别代表基本网络单元的输入和输出。$*$ 和$^\circ$分别表示卷积和转置卷积操作算子。δ 和 Bn 分别是带参数 α 的 Prelu 激活层和批归一化函数。**W** 和 **b** 则各自代表卷积层的滤波器的核和偏置。由于偏置参数被引入至批归一化层中，故在式（7.2）和（7.3）中不再需要偏置参数 **b**。

将所有网络正向传播的参数集合设为 $\boldsymbol{\phi}$，MFR - SR 的损失函数 L 是所有训练样本 M 的均方误差（MSE）。具体定义如下所示：

$$\mathbf{L}(\boldsymbol{\phi}) = \frac{1}{M}\| G(\mathbf{D}^{\mathrm{LR}}, \mathbf{I}^{\mathrm{HR}}) - \mathbf{D}^{\mathrm{HR}} \|_{\mathrm{F}}^{2} \tag{7.5}$$

该损失函数使用 Adam 优化器[85]求解，其中参数 $\beta_1 = 0.9$。

7.3 实验部分

首先，本部分将阐述训练数据生成和模型训练的细节。随后，通过大量充分的实验结果验证所提网络的有效性。

7.3.1 训练数据生成

由文献[86]提供原始训练数据包含5000对512×512的RGB－D图像对，它使用开源软件Mitsuba Render[87]生成。其中的图像对由在场景不同维度放置多种物体的脚本文件自动生成。此外，物体的纹理是在公开纹理库Describable Textures[88]中随机选取的。光源的位置和强度在不同的RGB－D图像对之间亦有轻微改变。在本实验中，高分辨率灰度图被用作引导图，故RGB彩色图需要预先转换为灰度图，为了叙述方便，后续内容仍把此灰度图称为纹理图。此外，受限于运算资源和运算时间，网络输入不能使用原始图像分辨率。图像对需要配对的被切割成有重叠区域的子图像。这些子图像对（高分辨率纹理图和高分辨率深度图）的分辨率均是128×128并与邻近子图像对在每一维度上有64像素的重叠。对应的低分辨率深度图使用双三次插值下采样获得，其在2×、4×、8×、16×尺度下的分辨率分别是64×64、32×32、16×16、8×8。该无噪训练数据集被用于训练无噪模型。为了仿真真实场景下获得的深度图，在低分辨率深度图上进一步附加带有不同种类和强度的噪声生成有噪训练数据集，并使用该有噪数据集训练联合深度图超分辨率重建和去噪的模型。需要指出的是，以上所有的训练数据三元组（$\mathbf{D}^{LR}$，$\mathbf{D}^{HR}$，$\mathbf{I}^{HR}$）被归一化至［0，1］。

7.3.2 模型训练

本网络使用TensorFlow[90]深度学习框架下搭建，并使用NVIDIA Titan XP GPU训练。值得注意的是，本网络的输入图像的分辨率可以是任意大小，因为网络是全卷积的。批样本包含32个样本。网络首先在1×10^{-4}学习率下遍历30次训练样本集，随后在1×10^{-5}的学习率下再遍历20次训练样本集。在测试阶段，网络中的Bn层的均值和方差更新被关闭以保证网络输出只与输入有关。

7.3.3 实验结果

无噪和有噪情况下的MFR－SR的深度图增强性能将在本节展示。本小节从主观和客观方面对 MFR－SR 的性能进行评估。其中，客观性能比较使用均方误差（RMSE）评价。为了比较的公平性，SRCNN[38]的激活函数被替换成 Prelu[83]，且 SRCNN[38]和 DGN[10]使用与 MFR－SR 相同的训练数据集重新训练。

7.3.3.1 无噪情况下深度图增强实验

六个被广泛使用的 RGB－D 图像对（Art、Book、Moebius、Laundry、Dolls、Reindeer）被用于测试 MFR－SR 在无噪环境下深度图增强的效果。它们的真实深度图被双三次插值在多个不同尺度下下采样生成低分辨率深度图输入。在本实验中考虑了 4 个超分辨率倍率，即 2×、4×、8×和 16×。MFR－SR 将与 13 种方法进行对比，它们是双三次插值（Bicubic）、OMRF[4]、JBU[5]、JBUV[60]、NLMR[17]、TGV[21]、AR[16]、RMRF[64]、第六章提出的方法 MSF[89]、JID[7]、SRCNN[38]、CSCN[40]和 DGN[10]。表 7－1 和表 7－2 列出了客观结果比较，其中，最优和次优值被分别加粗和加横线突出表示。总的来说，基于数据驱动的方法，即 JID[7]、SRCNN[38]、CSCN[40]和 DGN[10]和 MFR－SR，比基于模型的方法表现更好。由于 SRCNN[38]、CSCN[40]没有引入高分辨率纹理图的指导，它们的性能在大多数情况下比 DGN[10]和 MFR－SR 差。此外，随着重建尺度的增大，越来越深的链式网络设计 DGN[10]的训练难度越来越大。从表中可以看出，在 16 倍重建尺度下，DGN[10]缺乏鲁棒性。与这些方法相比，MFR－SR 在 4×、8×和 16×重建尺度下均有最佳的性能，在 2×尺度下有三个 RGB－D 图像对获得最低的 RMSE。图 7－2 展示了“Moebius”和“Laundry”两个 RGB－D 图像对的主观效果示意图。MFR－SR 与 4 种方法比较，它们是 SRCNN[38]、AR[16]、RMRF[64]和 DGN[10]。从图中可以看出，AR[16]的部分结果过于模糊，边界泄露赝像出现在 SRCNN[38]的结果中。由于 RMRF[64]采用了基于预定义模型的指数函数带宽选择，修复的边界往往会偏离真实位置。虽然相比于 SRCNN[38]、AR[16]和 RMRF[64]，DGN[10]显著提升了效果，但是，它在大重建尺度下缺乏鲁棒性，在“Laundry”的临近边界区可以观察到明显的赝像。相反，使用 MFR－SR 增强的深度图与真实的深度图最为接近。

表 7-1　图像对“Art”“Book”和“Moebius”无噪深度图超分辨率重建客观结果比较（RMSE）

方法 \ 图像对	Art				Book				Moebius			
	2×	4×	8×	16×	2×	4×	8×	16×	2×	4×	8×	16×
Bicubic	2.64	3.88	5.47	8.16	1.07	1.62	2.34	3.34	0.88	1.33	1.96	2.85
OMRF[4]	3.12	3.79	5.50	8.66	1.21	1.55	2.21	3.40	1.19	1.44	2.05	3.08
JBU[5]	3.03	4.74	6.94	10.37	1.26	2.16	3.17	4.97	1.09	1.85	2.88	4.30
JBUV[60]	3.20	3.51	4.48	7.40	1.39	1.55	1.97	2.99	1.36	1.45	1.77	2.61
NLMR[17]	3.01	4.24	6.32	10.04	1.25	1.96	2.92	4.34	1.12	1.76	2.62	4.07
TGV[21]	3.17	3.71	7.02	11.55	1.32	1.65	2.08	3.80	1.14	1.45	2.41	5.41
AR[16]	3.07	3.99	4.68	6.87	1.38	1.94	2.05	2.84	0.98	1.23	1.73	2.56
RMRF[64]	2.31	3.26	4.31	6.78	1.14	1.53	2.18	2.92	0.97	1.44	2.21	2.79
MSF[89]	3.01	3.70	4.66	6.68	1.25	1.63	2.02	2.84	1.13	1.51	2.06	2.93
JID[7]	1.25	2.01	3.23	5.74	0.65	0.92	1.27	1.93	0.64	0.89	1.27	2.13
SRCNN[38]	0.98	2.29	4.75	7.80	**0.39**	0.94	2.15	3.24	0.45	0.97	2.00	2.82
CSCN[40]	1.67	2.53	3.96	6.23	0.67	1.10	1.65	2.43	0.64	0.98	1.46	2.20
DGN[10]	0.73	1.65	3.00	5.76	0.40	0.69	1.48	2.96	0.44	0.76	1.44	2.91
MFR-SR	**0.71**	**1.54**	**2.71**	**4.35**	0.42	**0.63**	**1.05**	1.78	**0.42**	**0.72**	**1.10**	**1.73**

表 7-2　图像对“Reindeer”“Laundry”和“Dolls”无噪深度图超分辨率重建客观结果比较（RMSE）

方法 \ 图像对	Reindeer				Laundry				Dolls			
	2×	4×	8×	16×	2×	4×	8×	16×	2×	4×	8×	16×
Bicubic	1.95	2.82	4.01	5.86	1.60	2.39	3.42	5.06	0.94	1.33	1.87	2.64
JBU[5]	2.28	3.50	5.27	7.98	1.87	3.10	4.54	7.11	1.09	1.71	2.58	3.86
JBUV[60]	2.21	2.51	3.32	5.25	1.87	2.11	2.76	4.55	1.21	1.30	1.61	2.37
NLMR[17]	2.25	3.20	4.63	6.94	1.88	2.64	3.78	6.13	1.16	1.64	2.39	3.71
TGV[21]	2.41	2.67	4.29	8.80	1.84	2.20	3.92	6.75	1.17	1.42	2.05	4.44
AR[16]	2.99	3.09	4.33	4.99	2.39	2.43	3.00	4.47	1.00	1.23	1.65	2.23
RMRF[64]	1.82	2.58	3.24	4.90	1.47	2.06	2.87	4.22	1.14	1.49	1.94	2.45
MSF[89]	2.36	2.76	3.53	4.74	1.93	2.37	3.18	4.58	1.15	1.43	1.80	2.49
JID[7]	0.92	1.56	2.58	4.64	0.75	1.21	2.08	3.62	0.70	0.92	1.26	**1.74**
SRCNN[38]	0.81	1.87	3.87	5.63	0.67	1.74	3.45	5.04	0.63	1.10	1.92	2.61
CSCN[40]	1.25	1.91	2.88	4.53	1.04	1.63	2.47	3.83	0.67	0.99	1.45	2.11
DGN[10]	**0.62**	1.32	2.43	4.97	**0.51**	1.12	2.09	4.26	**0.60**	0.92	1.47	3.29
MFR-SR	0.65	**1.23**	**2.06**	**3.74**	0.61	**1.11**	**1.75**	**3.01**	**0.60**	**0.89**	**1.22**	**1.74**

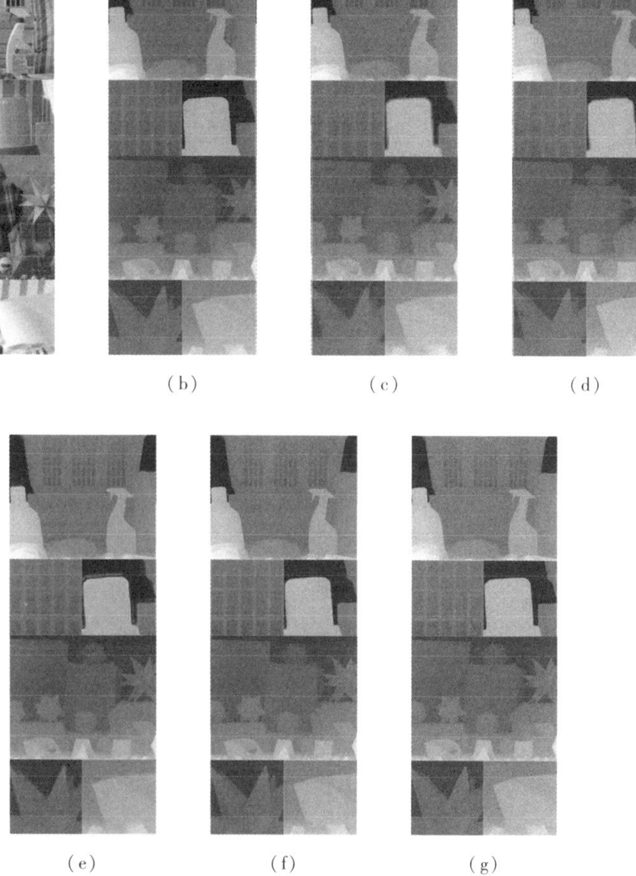

(a) (b) (c) (d)

(e) (f) (g)

图7-2 Middlebury 数据集上的图像对"Laundry"和"Moebius"的无噪深度图超分辨率重建（8×）主观效果比较

注：(a) 纹理图，(b) 真实深度图，深度图超分辨率使用，(c) AR[16]，(d) RMRF[64]，(e) SRCNN[38]，(f) DGN[10]和 (g) 提出的网络 MFR-SR。

7.3.3.2 有噪情况下深度图增强实验

本实验部分将使用 MFR-SR 在有噪的 Middlebury 数据集的 RGB-D 图像对（Art、Book、Moebius、Laundry、Dolls、Reindeer、Cones、Teddy、Tsukuba 和 Venus）上做深度图超分辨率重建测试。根据高分辨率深度图的原始分辨率，这些测试图像对被分为数据集 A（包含前六个图像对）和数据集 B（包含后四个图像对）。它们的真实深度图首先被双三次插值在多个不同尺度下下采样（数据集 A：2×、4×、8×、16×，数据集 B：2×、4×、8×）。随后，高斯噪声被附加至低分辨率深度图上以生成实验输入数据。本实验部分也将在主观和客观上对引导性深度图超分辨率重建的结果做出评价。MFR－SR 将与十种其他算法（双三次插值（Bicubic）、JBUV[60]、Guided[19]、WMF［20］、NLMR[17]、JGF[18]、TGV[21]、MLS[73]、AR[16]、DGN[10]和第六章提出的 MSF）做比较。DGN 使用与 MFR－SR 相同的训练数据重新训练。客观评价准则采用均方根误差（RMSE）。最小的和次小的 RMSE 值被分别加粗和加下划线突出显示。

表 7－3 和表 7－4 列出了数据集 A 在四中尺度（2×、4×、8×、16×）下的 RMSE 评价结果。从这些表中可以看出提出的网络在大部分情况下都能获得最优（13 次）或者次优（5 次）的 RMSE 值。JGF[18]的去噪能力较弱。NLMR[17]、MLS[73]和 Guided[19]的表现相差不大但都比本节算法要差。TGV[21]在小尺度下（2×、4×）能获得较好的结果，但在大尺度下（8×、16×）缺乏鲁棒性。AR[16]和第六章提出的 Pro－MSF 方法结果较上述方法更鲁棒。然而，它们的客观评价比 MSF－SR 网络差。由于对有噪的低分辨率深度图做高频域训练并不高效，DGN 在大尺度下（16×）失去鲁棒性。该训练方法导致算法在大尺度下的去噪能力减弱。

表 7－3　图像对“Art”“Book”和“Moebius”有噪深度图超分辨率重建客观结果比较（RMSE）

方法＼图像对	Art				Book				Moebius			
	2×	4×	8×	16×	2×	4×	8×	16×	2×	4×	8×	16×
Bicubic	4.78	5.54	6.74	9.04	4.20	4.39	4.68	5.30	4.16	4.31	4.54	5.02
MLS[73]	4.12	4.45	6.25	8.54	1.90	2.47	4.05	4.85	1.82	2.27	3.76	4.52
Guided[19]	3.85	4.24	5.35	8.08	1.84	2.21	3.00	4.41	1.81	2.63	3.68	4.71
NLMR[17]	4.65	5.99	8.01	11.01	2.16	2.72	3.29	4.91	2.06	2.50	3.27	4.61
JGF[18]	4.17	5.26	7.12	10.27	2.95	3.41	4.10	5.48	2.84	3.20	3.92	5.24
TGV[21]	3.08	3.94	7.26	12.05	1.50	2.14	2.88	4.73	1.46	1.98	3.01	6.11
AR[16]	3.19	3.46	4.91	7.46	1.32	1.99	2.77	3.59	1.31	1.66	2.52	3.51
MSF[89]	3.33	3.55	5.02	7.14	1.46	1.88	2.58	3.66	1.57	1.75	2.34	3.48
SRCNN[38]	1.92	3.23	5.62	8.84	1.13	1.90	3.21	4.68	1.21	1.95	3.16	4.42
DGN[10]	1.95	3.00	4.24	7.74	1.15	1.75	2.48	4.11	1.22	1.75	2.47	4.60
MFR－SR	**1.80**	**2.83**	**3.97**	**6.14**	**1.00**	**1.53**	**2.13**	**3.17**	**1.08**	**1.49**	**2.13**	**3.33**

表7-4 图像对“Reindeer”“Laundry”和“Dolls”无噪深度图超分辨率重建客观结果比较（RMSE）

方法 \ 图像对	Reindeer				Laundry				Dolls			
	2×	4×	8×	16×	2×	4×	8×	16×	2×	4×	8×	16×
Bicubic	4.51	4.95	5.71	7.12	4.37	4.74	5.35	6.53	4.17	4.30	4.51	4.9
MLS[73]	2.82	3.41	5.22	6.29	2.71	3.21	4.75	6.19	1.63	2.14	3.55	4.29
Guided[19]	2.63	3.44	4.80	6.73	2.33	3.23	4.52	6.22	1.80	2.65	3.71	4.62
NLMR[17]	3.11	3.86	5.33	7.56	2.99	3.63	4.51	6.35	2.07	2.61	3.33	4.45
JGF[18]	3.47	4.27	5.61	7.52	3.23	3.95	5.12	7.20	2.81	3.11	3.61	4.8
TGV[21]	3.08	4.20	4.65	9.03	2.62	5.05	4.45	8.06	1.49	2.86	2.82	5.41
AR[16]	2.03	2.72	3.81	4.93	1.74	2.79	3.24	5.22	1.42	1.70	2.44	**3.21**
MSF[89]	2.53	3.00	3.94	5.26	1.94	2.59	3.51	5.01	1.40	1.84	**2.20**	3.42
SRCNN[38]	1.52	2.59	4.63	6.75	1.57	2.62	5.01	6.20	1.29	1.98	3.05	4.23
DGN[10]	1.41	2.22	3.36	5.97	1.41	2.15	3.31	6.34	1.31	1.84	2.53	4.08
MFR-SR	**1.24**	**2.05**	**3.01**	**4.86**	**1.26**	**1.89**	**2.82**	**4.57**	**1.20**	**1.67**	2.25	3.30

数据集B上的高质量深度图的分辨率较低，大约是475×350。因此，在该数据集上的实验仅仅在三个尺度下（2×，4×，8×）进行。表7-5列出了在RMSE评价下算法结果比较。本算法结果在大部分情况下的RMSE值均为最低。然而，由于“Venus”的图像结构较简单，本算法的优势并没有在该图像对上得以体现。

表7-5 图像对“Cones”“Teddy”“Tsukuba”和“Venus”有噪深度图超分辨率重建客观结果比较（RMSE）

方法 \ 图像对	Cones			Teddy			Tsukuba			Venus		
	2×	4×	8×	2×	4×	8×	2×	4×	8×	2×	4×	8×
Bicubic	4.81	5.60	6.88	4.51	5.02	5.70	7.07	9.53	13.06	4.25	4.52	4.91
JBUV[60]	3.20	4.31	6.21	2.52	3.48	4.88	6.78	8.22	12.14	1.83	2.77	4.03
NLMR[17]	3.69	5.06	7.42	3.14	3.98	5.93	7.97	10.19	14.65	2.39	2.86	3.8
WMF[20]	3.29	4.43	6.24	2.65	3.57	4.88	5.98	8.04	12.02	2.01	2.83	3.97
TGV[21]	3.36	4.31	7.74	2.67	3.20	4.93	7.20	10.10	16.08	1.58	1.91	2.65
SRCNN[38]	2.32	4.10	6.35	2.10	3.32	5.32	4.49	7.88	12.13	1.28	2.69	3.94
DGN[10]	2.29	3.57	5.45	2.14	3.20	4.62	4.34	7.90	11.09	1.55	2.77	3.95
MFR-SR	**2.09**	**3.31**	**5.01**	**1.98**	**2.72**	**3.79**	**3.59**	**6.63**	**9.95**	**1.25**	**1.57**	**1.99**

图 7－3 和图 7－4 展示了本算法与其他四种算法（AR[16]、Guided[19]、NLMR[17] 和 TGV[21]）深度图超分辨率重建的主观效果比较。从该图高量区域可以观察到，本算法结果中没有明显噪声且边界较清晰。相反地，Guided 的结果中仍存在一定程度的噪声。AR 和 NLMR 算法结果过于模糊。TGV 不能很好地恢复图像细小结构（例如：Art 图像对的结果）。

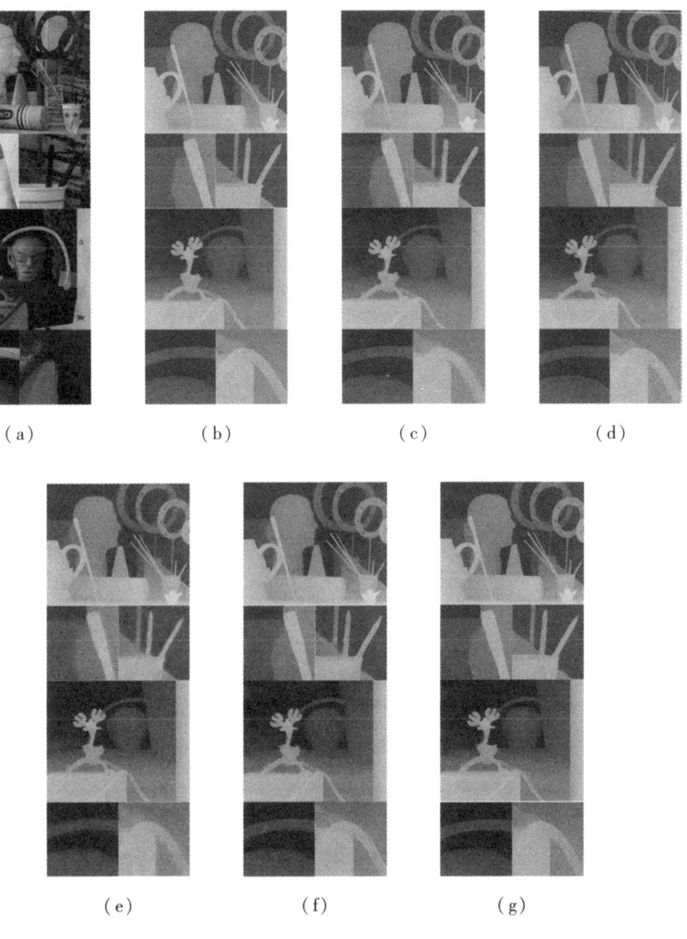

（a）　（b）　（c）　（d）

（e）　（f）　（g）

图 7－3　Middlebury 数据集上的图像对“Art”和“Reindeer”的有噪深度图超分辨率重建（8×）主观效果比较

注：（a）纹理图，（b）真实深度图，深度图超分辨率使用，（c）AR[16]，（d）RMRF[64]，（e）SRCNN[38]，（f）DGN[10] 和（g）提出的网络 MFR－SR。

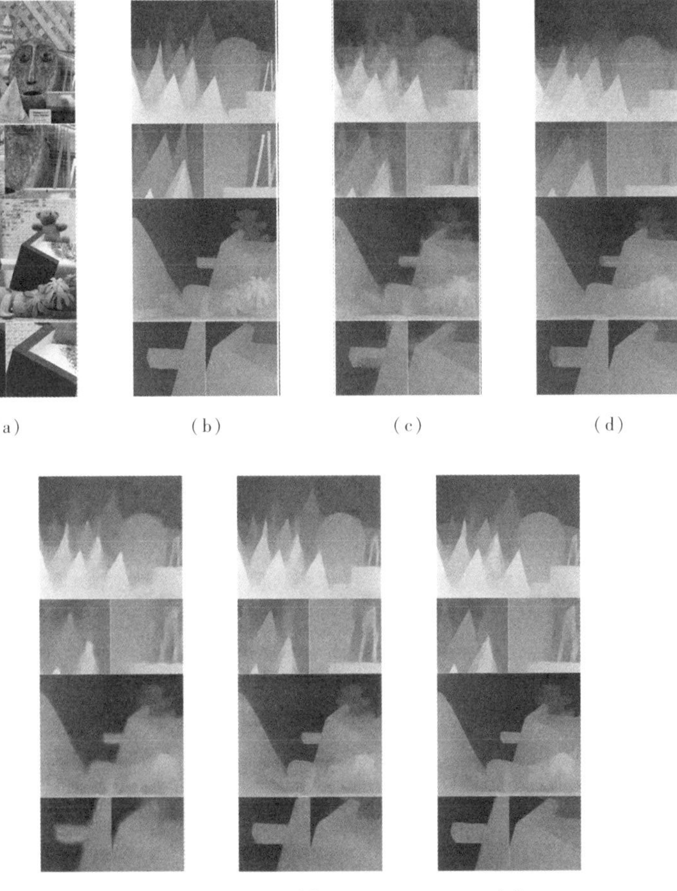

图 7-4　Middlebury 数据集上的图像对"Cones"和"Teddy"的有噪深度图超分辨率重建（8×）主观效果比较

注：(a) 纹理图，(b) 真实深度图，深度图超分辨率使用，(c) NLMR[17]，(d) TGV[64]，(e) SRCNN[38]，(f) DGN[10] 和 (g) 提出的网络 MFR-SR。

7.3.4　进一步讨论 MFR-SR 的去噪性能

在本小节中，我们使用不同强度的高斯噪声和椒盐噪声污染低分辨率深度图，并测试 MFR-SR 在这些情况下的去噪性能。高斯噪声为 0 均值，其方差的范围为 100 到 400。椒盐噪声的污染像素比例为 2% 到 5%。

为了使得训练数据集和测试数据集具有相似的数据分布，相同的噪声亦被加入训练数据集中。不是一般性，所有的去噪实验均在 8 × 重建尺度下测试。表 7 – 6 和表 7 – 7 列出了在上述噪声情况下，使用 MFR – SR 和 DGN[10] 增强后的深度图的 RMSE 值。其中，最小的 RMSE 值被加粗突出显示。从表中可以看出，在大部分情况下，MFR – SR 比 DGN[10] 有更好的表现。此外，如图 7 – 5 所示，针对不同高斯噪声强度，所有增强的深度图的 RMSE 均值被计算以便更形象的比较。该图体现 MFR – SR 具有明显的性能增益。

表 7 – 6　不同噪声环境下图像对“Art”“Book”“Moebius”的增强效果

噪声种类	噪声强度		Art		Book		Moebius	
			DGN[10]	MFR – SR	DGN[10]	MFR – SR	DGN[10]	MFR – SR
高斯	方差	100	5.20	**5.01**	3.23	**2.72**	3.33	**3.05**
		225	6.21	**6.16**	4.04	**3.79**	**4.17**	4.18
		400	**7.40**	7.76	4.66	**3.91**	4.71	**4.61**
椒盐	百分比	2%	3.83	**3.65**	2.20	**1.71**	2.22	**1.91**
		5%	3.88	**3.68**	2.44	1.96	2.47	**2.05**

表 7 – 7　不同噪声环境下图像对“Reindeer”“Laundry”“Dolls”的增强效果

噪声种类	噪声强度		Reindeer		Laundry		Dolls	
			DGN[10]	MFR – SR	DGN[10]	MFR – SR	DGN[10]	MFR – SR
高斯	方差	100	4.40	**3.93**	4.41	**3.74**	3.38	**3.07**
		225	5.41	**4.99**	5.31	**4.69**	4.19	**3.98**
		400	6.43	**6.00**	6.20	**5.47**	5.10	**4.71**
椒盐	百分比	2%	**3.31**	3.35	**2.91**	3.60	2.08	**1.73**
		5%	**3.46**	3.55	**3.38**	4.42	2.16	**2.04**

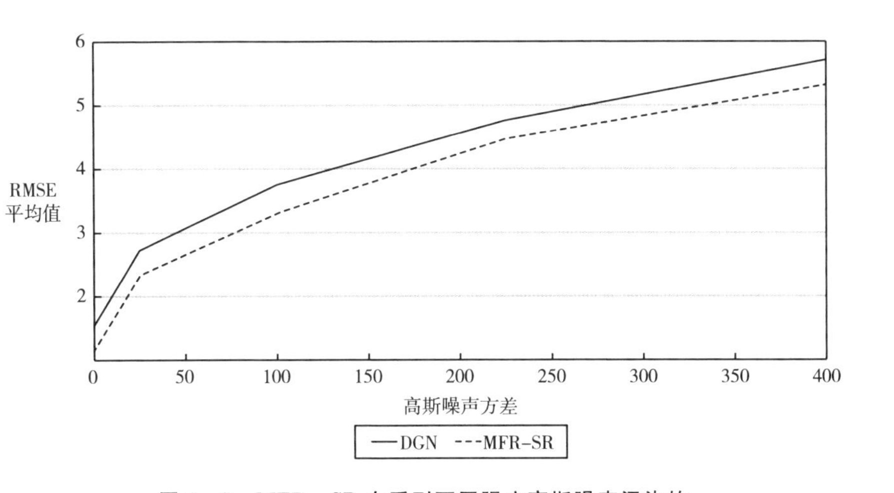

图 7－5　MFR－SR 在受到不同强度高斯噪声污染的 Middlebury 图像对上的去噪性能比较

7.3.5　收敛曲线分析

除了比较算法增强后的深度图质量，MFR－SR 还与 SRCNN[38] 和 DGN[10] 比较收敛速度。图 7－6 展示了在 8×重建尺度下，有噪和无噪情况下的训练收敛曲线比较。总的来看，SRCNN[38] 的链式结构使得模型训练难度较大，收敛较缓慢。相反的，受益于残差学习和批归一化层，MFR－SR 的收敛速度明显快于 SRCNN[38] 和 DGN[10]。

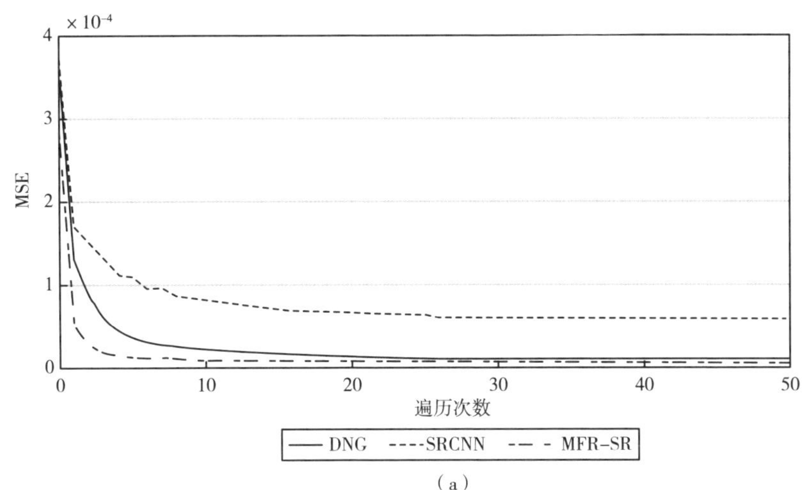

（a）

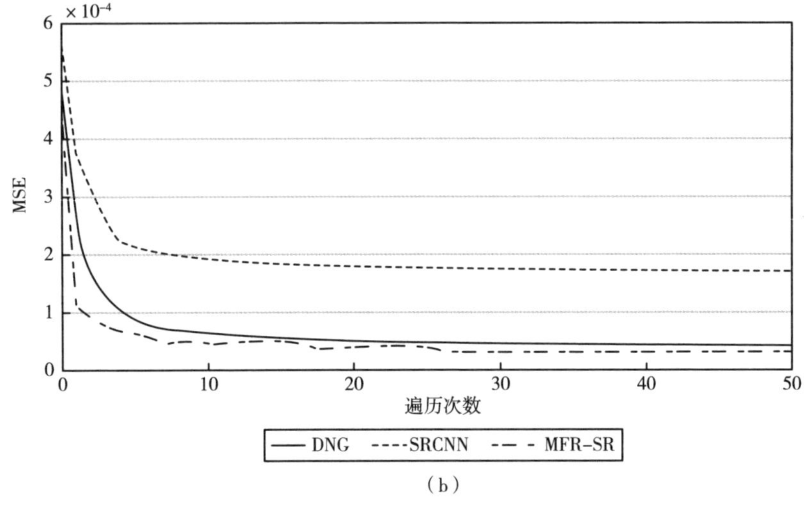

（b）

图 7－6　收敛曲线比较（8×）

注：（a）无噪情况，（b）有噪情况。

7.4　本章小结

本章提出了一个基于深度卷积神经网络的引导性深度图超分辨率重建算法。在对应尺度纹理图引导信息的辅助下，该端对端神经网络循序渐进地将低分辨率深度图上采样至其真实深度图分辨率。它采用了残差学习思想旨在由粗到细地重建深度图。此外，在网络设计中，本算法加入了批归一化层以提高网络的去噪性能。相比于现有的先进方法，实验结果表明，本算法不仅在无噪和有噪测试图像对的深度图增强上有明显的性能提升，而且具有更快的收敛速度。

参 考 文 献

[1] A. Chakrabarti, D. Scharstein, and T. Zickler, "Color Datasets," *Vision. middlebury. edu.*

[2] A. F. Bobick and S. S. Intille, "Large Occlusion Stereo," *International Journal of Computer Vision*, vol. 33, pp. 181 – 200, 1999.

[3] A. Hosni, M. Bleyer, M. Gelautz, and C. Rhemann, "Local stereo matching using geodesic support weights," in *Proceedings of the IEEE International Conference on Image Processing*, pp. 2093 – 2096, 2010.

[4] A. Kolb, E. Barth, R. Koch, and R. Larsen, "Time – of – flight cameras in computer graphics," in *Computer Graphics Forum*, pp. 141 – 159, 2010.

[5] A. Levin, D. Lischinski, and Y. Weiss, "Colorization using optimization," in *Proceedings of ACM SIGGRAPH*, pp. 689 – 694, 2004.

[6] C. Dong, C. C. Loy, K. He, and X. Tang, "Image super – resolution using deep convolutional networks," *IEEE Transactions on Pattern Analysis and Machine Intelligence*, vol. 38, pp. 295 – 307, 2016.

[7] C. Lei, J. Selzer, and Y. H. Yang, "Region – Tree Based Stereo Using Dynamic Programming Optimization," in *Proceedings of the IEEE International Conference on Computer Vision and Pattern Recognition*, pp. 2378 – 2385, 2006.

[8] C. Tomasi and R. Manduchi, "Bilateral Filtering for Gray and Color Images," in *Proceedings of the IEEE International Conference on Computer Vision*, P. 839, 2002.

[9] D. Comaniciu and P. Meer, "Mean Shift: A Robust Approach To-

ward Feature Space Analysis," *IEEE Transactions on Pattern Analysis & Machine Intelligence*, vol. 24, pp. 603 –619, 2002.

[10] D. Ferstl, C. Reinbacher, R. Ranftl, M. Rüther, and H. Bischof, "Image guided depth upsampling using anisotropic total generalized variation," in *Proceedings of the IEEE International Conference on Computer Vision*, pp. 993 –1000, 2013.

[11] D. Ferstl, M. Ruther, and H. Bischof, "Variational Depth Superresolution Using Example – Based Edge Representations," in *Proceedings of the IEEE International Conference on Computer Vision*, pp. 513 –521, 2015.

[12] D. Fu, Z. Yin, and Y. Lu, "Temporal consistency enhancement on depth sequences," in *Proceedings of Picture Coding Symposium*, pp. 342 – 345, 2010.

[13] D. Min, J. Lu, and M. N. Do, "Depth video enhancement based on weighted mode filtering," *IEEE Transactions on Image Processing*, vol. 21, pp. 1176 –1190, 2012.

[14] D. P. Kingma and J. Ba, "Adam: A Method for Stochastic Optimization," *Computer Science*, 2014.

[15] F. Zhang, L. Dai, S. Xiang, and X. Zhang, "Segment Graph Based Image Filtering: Fast Structure – Preserving Smoothing," In *Proceedings of the IEEE International conference of Compuer Vision and Pattern Recognition*, 2015.

[16] G. Freedman and R. Fattal, *Image and video upscaling from local self – examples*: ACM, Transactions on Graphics vol. no. 2, pp: 1 – 11, 2011.

[17] G. Riegler, D. Ferstl, M. Rüther, and H. Bischof, "A deep primal – dual network for guided depth super – resolution," *arXiv preprint arXiv*: 1607. 08569, 2016.

[18] G. Riegler, D. Ferstl, M. Rüther, and H. Bischof, "A Deep Primal – Dual Network for Guided Depth Super – Resolution," in *Proceedings of British Machine Vision Conference*, pp. 7. 1 –7. 14, 2016.

[19] H. H. Kwon, Y. W. Tai, and S. Lin, "Data – driven depth map

refinement via multi - scale sparse representation," in *Proceedings of the IEEE International Conference on Computer Vision and Pattern Recognition*, pp. 159 - 167, 2015.

[20] H. Kwon, Y. - W. Tai, and S. Lin, "Data - driven depth map refinement via multi - scale sparse representation," in *Proceedings of the IEEE Conference on Computer Vision and Pattern Recognition*, pp. 159 - 167, 2015.

[21] H. W. Kuhn, "The Hungarian method for the assignment problem," *Naval Research Logistics*, vol. 52, 1955, pp. 7 - 21.

[22] I. Goodfellow, Y. Bengio, and A. Courville, *Deep Learning*: The MIT Press, 2016.

[23] J. Cai, "Integration of optical flow and dynamic programming for stereo matching," *Iet Image Processing*, vol. 6, 2012, pp. 205 - 212.

[24] J. Canny, "A Computational Approach to Edge Detection," *IEEE Transactions on Pattern Analysis & Machine Intelligence*, vol. 8, pp. 679 - 698, 1986.

[25] J. Diebel and S. Thrun, "An application of markov random fields to range sensing," in *Proceedings of Advances in neural information processing systems*, pp. 291 - 298, 2006.

[26] J. H. Cho, S. Y. Kim, Y. S. Ho, and K. H. Lee, "Dynamic 3D human actor generation method using a time - of - flight depth camera," *IEEE Transactions on Consumer Electronics*, vol. 54, 2008, pp. 1514 - 1521.

[27] J. Kim, J. Kwon Lee, and K. Mu Lee, "Accurate image super - resolution using very deep convolutional networks," in *Proceedings of the IEEE International Conference on Computer Vision and Pattern Recognition*, pp. 1646 - 1654, 2016.

[28] J. Kopf, M. F. Cohen, D. Lischinski, and M. Uyttendaele, "Joint bilateral upsampling," *ACM Transactions on Graphics*, vol. 26, P. 96, 2007.

[29] J. Lu, D. Min, R. S. Pahwa, and M. N. Do, "A revisit to MRF - based depth map super - resolution and enhancement," in *Proceedings of (ICASSP), the IEEE International Conference on Acoustics, Speech and Signal Pro-*

cessing, pp. 985 –988, 2011.

[30] J. M. Hammersley and P. Clifford, "Markov fields on finite graphs and lattices," 1971.

[31] J. Park, H. Kim, Y. –W. Tai, M. S. Brown, and I. S. Kweon, "High – quality depth map upsampling and completion for RGB – D cameras," *IEEE Transactions on Image Processing*, vol. 23, pp. 5559 –5572, 2014.

[32] J. Xie, C. C. Chou, R. Feris, and M. T. Sun, "Single depth image super resolution and denoising via coupled dictionary learning with local constraints and shock filtering," in *Proceedings of the IEEE International Conference on Multimedia and Expo*, pp. 1 –6, 2014.

[33] J. Yang, X. Ye, K. Li, C. Hou, and Y. Wang, "Color – guided depth recovery from RGB – D data using an adaptive autoregressive model," *IEEE Transactions on Image Processing*, vol. 23, pp. 3443 –3458, 2014.

[34] J. Zhu, L. Wang, J. Gao, and R. Yang, "Spatial – temporal fusion for high accuracy depth maps using dynamic MRFs," *IEEE Transactions on Pattern Analysis and Machine Intelligence*, vol. 32, pp. 899 –909, 2010.

[35] K. He, J. Sun, and X. Tang, "Guided image filtering," in *Proceedings of European Conference on Computer Vision*, pp. 1 –14, 2010.

[36] K. He, X. Zhang, S. Ren, and J. Sun, "Delving deep into rectifiers: Surpassing human – level performance on imagenet classification," *in Proceedings of the IEEE International Conference on Computer Vision*, pp. 1026 – 1034, 2015.

[37] K. H. Lo, Y. C. F. Wang, and K. L. Hua, "Joint trilateral filtering for depth map super – resolution," in *Proceedings of the IEEE International conference on Visual Communications and Image Processing*, pp. 1 –6, 2013.

[38] K. Ju, B. Wang, and H. Xiong, "Structure – aware priority belief propagation for depth estimation," in *Proceedings of the IEEE International Conference on Visual Communications and Image Processing*, pp. 1 –4, 2016.

[39] K. J. Yoon and I. S. Kweon, "Adaptive Support – Weight Approach for Correspondence Search," *IEEE Transactions on Pattern Analysis & Machine Intelligence*, vol. 28, pp. 650 –656, 2006.

[40] K. L. Hua, K. H. Lo, and Y. C. F. F. Wang, "Extended Guided Filtering for Depth Map Upsampling," *IEEE Multimedia*, vol. 23, pp. 72 - 83, 2016.

[41] K. Zhang, J. Lu, and G. Lafruit, "Cross - Based Local Stereo Matching Using Orthogonal Integral Images," *IEEE Transactions on Circuits & Systems for Video Technology*, vol. 19, pp. 1073 - 1079, 2009.

[42] K. Zhang, W. Zuo, Y. Chen, D. Meng, and L. Zhang, "Beyond a gaussian denoiser: Residual learning of deep cnn for image denoising," *IEEE Transactions on Image Processing*, vol. 26, pp. 3142 - 3155, 2017.

[43] K. - L. Hua, K. - H. Lo, and Y. - C. F. F. Wang, "Extended guided filtering for depth map upsampling," *IEEE MultiMedia*, vol. 23, pp. 72 - 83, 2016.

[44] L. Bao, Y. Song, Q. Yang, H. Yuan, and G. Wang, "Tree Filtering: Efficient Structure - Preserving Smoothing With a Minimum Spanning Tree," *IEEE Transactions on Image Processing*, vol. 23, pp. 555 - 69, 2014.

[45] L. R. F. Jr and D. R. Fulkerson, *Maximal Flow Through a Network*: Birkhäuser Boston, 2009.

[46] M. Abadi, P. Barham, J. Chen, Z. Chen, A. Davis, J. Dean, et al., "TensorFlow: a system for large - scale machine learning," 2016.

[47] M. A. Bender and M. Farach - Colton, *The LCA Problem Revisited*: Springer Berlin Heidelberg, 2000.

[48] M. Cimpoi, S. Maji, I. Kokkinos, S. Mohamed, and A. Vedaldi, "Describing Textures in the Wild," in *Proceedings of the IEEE International Conference on Computer Vision and Pattern Recognition*, pp. 3606 - 3613, 2014.

[49] M. Gong and Y. H. Yang, "Real - time stereo matching using orthogonal reliability - based dynamic programming," *IEEE Transactions on Image Processing*, vol. 16, pp. 879 - 84, 2007.

[50] M. Kiechle, S. Hawe, and M. Kleinsteuber, "A joint intensity and depth co - sparse analysis model for depth map super - resolution," in *Proceedings of the IEEE International Conference on Computer Vision*, pp. 1545 - 1552, 2013.

[51] M. Kiechle, T. Habigt, S. Hawe, and M. Kleinsteuber, "A bi-modal co - sparse analysis model for image processing," *International Journal of Computer Vision*, vol. 114, pp. 233 - 247, 2015.

[52] M. S. Prieto and A. R. Allen, "A Similarity Metric for Edge Images," *IEEE Transactions on Pattern Analysis & Machine Intelligence*, vol. 25, pp. 1265 - 1273, 2003.

[53] M. Yaghoobi, S. Nam, R. Gribonval, and M. E. Davies, "Analysis operator learning for overcomplete cosparse representations," in *Proceedings of the Eurpean Signal Processing Conference*, 2011, pp. 1470 - 1474.

[54] M. Z. W. Liao, L. Wei, and W. F. Chen, "A Novel Affine Invariant Feature Extraction for Optical Recognition," in *Proceedings of the International Conference on Machine Learning and Cybernetics*, 2007, pp. 1769 - 1773.

[55] M. - Y. Liu, O. Tuzel, and Y. Taguchi, "Joint geodesic upsampling of depth images," in *Proceedings of the IEEE Conference on Computer Vision and Pattern Recognition*, 2013, pp. 169 - 176.

[56] N. K. Bose and N. A. Ahuja, "Superresolution and noise filtering using moving least squares," *IEEE Transactions on Image Processing A Publication of the IEEE Signal Processing Society*, vol. 15, p. 2239, 2006.

[57] N. Silberman, D. Hoiem, P. Kohli, and R. Fergus, "Indoor Segmentation and Support Inference from RGBD Images," in *Proceedings of European Conference on Computer Vision*, 2012, pp. 746 - 760.

[58] O. Choi and S. - W. Jung, "A consensus - driven approach for structure and texture aware depth map upsampling," *IEEE Transactions on Image Processing*, vol. 23, pp. 3321 - 3335, 2014.

[59] O. Stankiewicz, K. Wegner, and M. Wildeboer, "A soft segmentation matching in Depth Estimation Reference Software (DERS) 5.0. ISO," 2009.

[60] O. Veksler, "Fast variable window for stereo correspondence using integral images," in *Proceedings of the IEEE International Conference on Computer Vision and Pattern Recognition*, pp. I - 556 - I - 561, 2003.

[61] P. J. Huber, "Robust Regression: Asymptotics, Conjectures and Monte Carlo," *Annals of Statistics*, vol. 1, pp. 799 – 821, 1973.

[62] Q. Yang and N. Ahuja, "Stereo matching using epipolar distance transform," *IEEE Transactions on Image Processing A Publication of the IEEE Signal Processing Society*, vol. 21, pp. 4410 – 9, 2012.

[63] Q. Yang, L. Wang, R. Yang, H. Stewenius, and D. Nister, "Stereo Matching with Color – Weighted Correlation, Hierachical Belief Propagation and Occlusion Handling," *IEEE Transactions on Pattern Analysis & Machine Intelligence*, vol. 31, pp. 492 – 504, 2009.

[64] Q. Yang, N. Ahuja, R. Yang, K. H. Tan, J. Davis, B. Culbertson, et al. , "Fusion of Median and Bilateral Filtering for Range Image Upsampling," *IEEE Transactions on Image Processing*, vol. 22, pp. 4841 – 4852, 2013.

[65] Q. Yang, P. Ji, D. Li, S. Yao, and M. Zhang, "Fast stereo matching using adaptive guided filtering," *Image & Vision Computing*, vol. 32, pp. 202 – 211, 2014.

[66] Q. Yang, R. Yang, J. Davis, and D. Nistér, "Spatial – depth super resolution for range images," in *Proceedings of the IEEE International Conference on Computer Vision and Pattern Recognition*, 2007, pp. 1 – 8.

[67] Q. Yang, "Stereo Matching Using Tree Filtering," *IEEE Transactions on Pattern Analysis & Machine Intelligence*, vol. 37, p. 834, 2015.

[68] Q. Zhang, C. H. Cui, K. N. Ngan, and Y. Liu, "Depth estimation and view synthesis for narrow – baseline video," In *Proceedings of the IEEE International Symposium on Circuit and Systems*, 2012.

[69] R. Achanta, A. Shaji, K. Smith, A. Lucchi, P. Fua, and S. Susstrunk, "SLIC Superpixels Compared to State – of – the – Art Superpixel Methods," *IEEE Transactions on Pattern Analysis & Machine Intelligence*, vol. 34, p. 2274, 2012.

[70] R. Hartley and A. Zisserman, *Multiple View Geometry in Computer Vision*: Cambridge University Press, 2003.

[71] R. Szeliski, R. Zabih, D. Scharstein, O. Veksler, V. Kolmogor-

ov, A. Agarwala, et al. , "A comparative study of energy minimization methods for markov random fields with smoothness - based priors," *IEEE Transactions on Pattern Analysis and Machine Intelligence*, vol. 30, pp. 1068 - 1080, 2008.

[72] S. B. Lee and Y. S. Ho, "Temporally Consistent Depth Map Estimation Using Motion Estimation for 3D Video Generation and coding," 中国通信（英文版）, vol. 5, pp. 39 - 49, 2010.

[73] S. Choi, T. Kim, and W. Yu, "Performance evaluation of RANSAC family," in *Proceedings of British Machine Vision Conference*, 2009.

[74] S. Hawe, M. Kleinsteuber, and K. Diepold, "Analysis operator learning and its application to image reconstruction," *IEEE Transactions on Image Processing*, vol. 22, pp. 2138 - 2150, 2013.

[75] S. Ioffe and C. Szegedy, "Batch Normalization: Accelerating Deep Network Training by Reducing Internal Covariate Shift," In *Proceedings of the IEEE International Corference on machine Learning* pp. 448 - 456, 2015.

[76] S. Schuon, C. Theobalt, J. Davis, and S. Thrun, "LidarBoost: Depth superresolution for ToF 3D shape scanning," in *Proceedings of the IEEE International Conference on Computer Vision and Pattern Recognition*, pp. 343 - 350, 2009.

[77] T. H. Cormen, C. E. Leiserson, R. L. Rivest, and C. Stein, "Introduction to Algorithms, second edition," pp. 1297 - 1305, 2001.

[78] T. Tomioka, K. Mishiba, Y. Oyamada, and K. Kondo, "Depth map estimation using census transform for light field cameras," in *Proceedings of the IEEE International Conference on Acoustics, Speech and Signal Processing*, pp. 1641 - 1645, 2016.

[79] T. - W. Hui, C. C. Loy, and X. Tang, "Depth map super - resolution by deep multi - scale guidance," in *Proceedings of European Conference on Computer Vision*, pp. 353 - 369, 2016.

[80] W. D. Jang and C. S. Kim, "SEQM: Edge quality assessment based on structural pixel matching," in *Proceedings of the IEEE International Conference on Visual Communications and Image Processing*, pp. 1 - 6, 2013.

[81] W. Jakob, "Mitsuba renderer," 2010.

[82] W. Liu, X. Chen, J. Yang, and Q. Wu, "Robust color guided depth map restoration," *IEEE Transactions on Image Processing*, vol. 26, pp. 315 - 327, 2017.

[83] Y. Boykov and V. Kolmogorov, "An Experimental Comparison of Min - Cut/Max - Flow Algorithms for Energy Minimization in Vision," *IEEE Transactions on Pattern Analysis & Machine Intelligence*, vol. 26, p. 1124, 2004.

[84] Y. Boykov, O. Veksler, and R. Zabih, "Fast approximate energy minimization via graph cuts," *IEEE Transactions on Pattern Analysis & Machine Intelligence*, vol. 23, pp. 1222 - 1239, 2001.

[85] Y. Furukawa, B. Curless, S. M. Seitz, and R. Szeliski, "Manhattan - world stereo," in *Proceedings of the IEEE International Conference on Computer Vision and Pattern Recognition*, pp. 1422 - 1429, 2009.

[86] Y. Li, T. Xue, L. Sun, and J. Liu, "Joint example - based depth map super - resolution," in *Proceedings of the IEEE International Conference on Multimedia and Expo*, pp. 152 - 157, 2012.

[87] Y. Li, T. Xue, L. Sun, and J. Liu, "Joint Example - Based Depth Map Super - Resolution," in *Proceedings of the IEEE International Conference on Multimedia and Expo*, pp. 152 - 157, 2012.

[88] Y. Zuo, Q. Wu, J. Zhang, and P. An, "Explicit Edge Inconsistency Evaluation Model for Color - guided Depth Map Enhancement," *IEEE Transactions on Circuits & Systems for Video Technology*, vol. PP, pp. 1 - 1, 2016.

[89] Y. Zuo, Q. Wu, J. Zhang, and P. An, "Minimum Spanning Forest With Embedded Edge Inconsistency Measurement Model for Guided Depth Map Enhancement," *IEEE Transactions on Image Processing*, vol. 27, pp. 4145 - 4159, 2018.

[90] Z. Wang, D. Liu, J. Yang, W. Han, and T. Huang, "Deep networks for image super - resolution with sparse prior," in *Proceedings of the IEEE International Conference on Computer Vision*, pp. 370 - 378, 2015.